Zu diesem Buch

Ein guter Schachspieler wird man am besten früh. Wie man es wird, macht die Serie **Juniorschach** unterhaltsam und leichtverständlich klar.

Der beste Zug in einem Schachspiel ist meist schwer zu finden. Und manche Züge haben es besonders in sich. Sie bringen, wie sich nachher zeigt, die entscheidende Wende. Wie Weltklassespieler den richtigen Dreh gepackt haben, zeigt dieses Buch an 70 Beispielen. An ihnen läßt sich lernen, wie man Schlüsselpositionen meistert.

Juniorschach

Ray Keene
Andrew Whiteley

Der entscheidende Zug

Gewinnen in Schlüsselpositionen

Deutsch von Klaus Staudt

rororo
Rowohlt

Deutsche Erstausgabe
Redaktion Ludwig Moos
Umschlagentwurf Studio Sign, Henschel & Foßhag
Die Originalausgabe erschien unter dem Titel
«The Good Move Guide» bei Oxford University Press, London

Veröffentlicht im Rowohlt Taschenbuch Verlag GmbH,
Reinbek bei Hamburg, August 1983

IBM-Composersatz Niko Jessen, Hamburg
Gesamtherstellung Clausen & Bosse, Leck
Printed in Germany
780-ISBN 3 499 17768 4

Vorwort

Fehler lauern überall (Tartakower)
Gute Züge aber auch! (Keene und Whiteley)

In diesem Buch kann man beides in Hülle und Fülle finden. Wir haben siebzig kritische Stellungen aus denkwürdigen Partien der letzten 150 Jahre ausgewählt. In jeder dieser Stellungen hatte der nächste Zug eine wichtige, manchmal entscheidende Bedeutung für den Ausgang der Partie.
Wir untersuchen nicht nur den Zug, der tatsächlich gespielt wurde, sondern auch plausible Alternativen, und wir haben jeden in Frage kommenden Zug mit einem Symbol von ☠ (furchtbarer Fehler) bis ⚡(Genieblitz) bezeichnet.
Der tatsächlich gespielte Zug ist nicht immer der beste, und in einem Fall besaßen wir die Kühnheit, einem amtierenden Weltmeister ein «ungenügend» zu verpassen.
Ein guter Zug ist nicht immer besonders beeindruckend. Manchmal besteht er zum Beispiel einfach darin, den positionellen Druck am wirksamsten zu erhöhen. Um eine Hilfestellung dabei zu geben, welche Art von Zug in Frage kommt, haben wir jede Stellung mit Symbolen wie →← (Positioneller Druck) oder ✥(Taktiken) gekennzeichnet.
Um den guten Zug in seinem Partiezusammenhang zu sehen, haben wir das komplette Partieprotokoll abgedruckt und den Partien einen bis fünf Sterne verliehen, je nach der Qualität der Partie insgesamt.
Dieses Buch möchte zugleich unterhalten und lehrreich sein. Wir hoffen, daß der Leser nach seiner Lektüre selber viele gute Züge machen wird.

RDK
AJW
1982

Verzeichnis der Symbole

Eröffnung

Endspiel

Angriff

Verteidigung

Positioneller Druck

Taktiken

1–5 Sterne für die Partiequalität

Dummer Zug

Ganz dummer Zug

Furchtbarer Fehler

Kluger Zug

Glänzender Zug

Genieblitz

Inhalt

Die Spiele

1 Saint Amant – Staunton **

21. Wettkampfpartie 1843
Abgelehntes Damengambit

1.	d4	d5	23.	Dd2	Sh7	45.	Kf2	Te4
2.	c4	e6	24.	Dc2	Sf6	46.	Da2	Kf7
3.	e3	c5	25.	Kh1	Se8	47.	g3	Db7
4.	Sc3	Sf6	26.	Sf5	Sxf5	48.	Da3	Te8
5.	Sf3	Le7	27.	Lxf5	a5	49.	Dc3	Dh1
6.	Ld3	b6	28.	Db3	axb4	50.	h4	g5
7.	0-0	0-0	29.	axb4	Tc4	51.	De1	Dh2+
8.	b3	Lb7	30.	Sa2	Sf6	52.	Kf1	Dh3+
9.	cxd5	exd5	31.	Ld3	Dc6	53.	Kg1	Dg4
10.	Dc2	Sc6	32.	Db2	*	54.	hxg5	Lxf4
11.	a3	a6	33.	Kg1	Sh5	55.	Lxf4	Dxe2
12.	Td1	cxd5	34.	Dd2	f5	56.	Dxe2	Txe2
13.	exd5	h6	35.	f4	Sg3	57.	gxh6	c3
14.	b4	Ld6	36.	Lxc4	dxc4	58.	Kf1	Te4
15.	Te1	b5	37.	Db2	Tf6	59.	Lc1	Kg6
16.	h3	Tc8	38.	Sc3	Se4	60.	d5	c2
17.	Db3	Dc7	39.	Te2	Tg6	61.	Ld2	Txb4
18.	Ld2	Db6	40.	Td1	Sxc3	62.	d6	Td4
19.	Le3	Se7	41.	Dxc3	Lf3	63.	Ke2	Txd6
20.	Ta-c1	Sh5	42.	Td-e1	Lxe2	64.	Ke3	Kxh6
21.	Dd1	Sf6	43.	Txe2	De7	65.	Ke2+	Kg6
22.	Sh4	Tc7	44.	Db2	Te6	66.	Ke1	b4
							Weiß gibt auf	

* siehe Stellungsbild

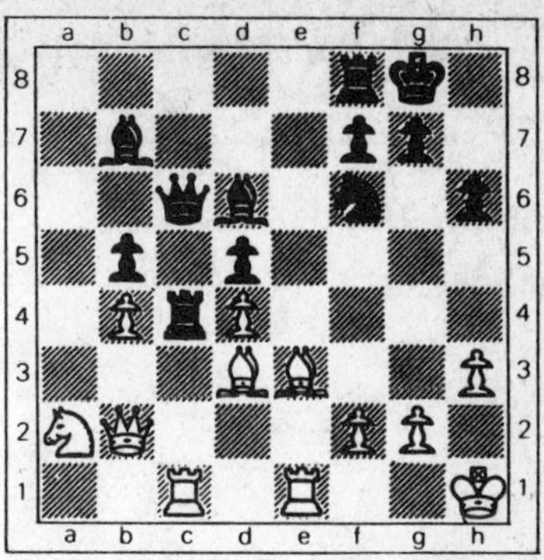

Stellung nach 32.Db2
Schwarz am Zug

König Johann ohne Land
war als Finsterling bekannt,
der zu andrer Ungemach
tagelang mit niemand sprach.
(Englisches Sprichwort)

Manche halten König Johann im Vergleich mit Howard Staunton für einen Ausbund an Liebenswürdigkeit. Das hat einen Einfluß darauf, wie Stauntons Fähigkeiten als Schachspieler eingeschätzt wurden.
Als den «Schöpfer einiger verdammt schlechter Partien» bezeichnete ihn sein Rivale Paul Morphy.
In Wirklichkeit bestand sein einziges Vergehen darin, daß er seiner Zeit voraus war. Während seine Zeitgenossen fröhlich Figur auf Figur bei der Verfolgung (oft nicht vorhandener) Mattangriffe opferten, konzentrierte er sich auf das Positionsspiel.
In dem Stellungsbild wird der schwarze Turm c4 angegriffen. Nach dem auf der Hand liegenden 32 . . . Txc1 33. Txc1 wäre die Stellung tot und angesichts der symmetrischen Bauernstellung fast zwangsläufig remis.
Staunton spielte 32 . . . Dd7, ein in jenen Tagen fast unerhörtes positionelles Qualitätsopfer! Nach 33. Lxc4 dxc4 hätte Schwarz auf Grund folgender Faktoren genügend Ausgleich für die Qualität:
(1) Schwarz hat einen gedeckten Freibauern auf c4.
(2) Der schwarze Läufer b7 kontrolliert unwidersprochen die lange weiße Diagonale.
(3) Schwarz kann mit Hilfe von Zügen wie . . . Sd5, . . . f5 und . . . f4 einen Angriff auf dem Königsflügel einleiten.
(4) Weiß hat Schwierigkeiten, in irgendeiner Weise aktiv zu werden.
Der wesentliche Nachteil des Opfers von Schwarz besteht darin, daß es nicht angenommen werden muß. Aber Mitte des neunzehnten Jahrhunderts galt es als ziemlich unsportlich, ein Opfer seines Gegners auszuschlagen. Weiß zögerte einige Züge lang, konnte aber letztendlich dem Köder nicht widerstehen. Er wurde entsprechend bestraft.

2 Kieseritzki – Anderssen *

London 1851
Sizilianisch

1.	e4	c5	10.	c4	Se5
2.	b3	Sc6	11.	De2	Sg6
3.	Lb2	e6	12.	f4	*
4.	Sf3	d6	13.	fxe5	dxe5
5.	d4	cxd4	14.	Sc2	Lc5+
6.	Sxd4	Ld7	15.	Kh1	Lg4
7.	Ld3	Sf6	16.	Sf3	Sf4
8.	0-0	Le7	17.	Dd2	Sxd3
9.	Sd2	0-0	Weiß gibt auf		

* siehe Stellungsbild

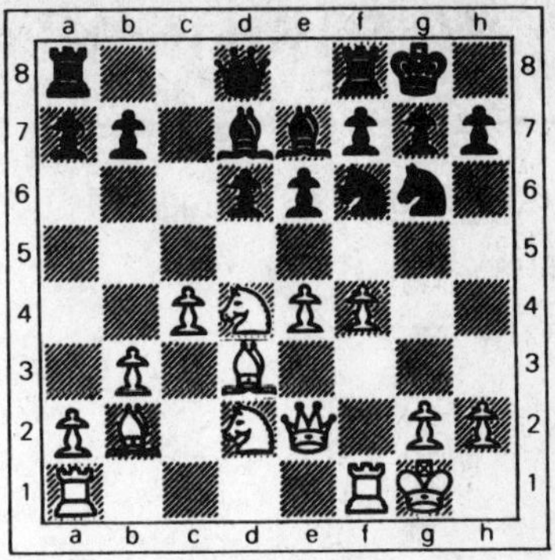

Stellung nach 12. f4
Schwarz am Zug

Der arme Kieseritzki. Er war in seiner Zeit ein guter Angriffsspieler, aber heutzutage genießt er nur den zweifelhaften Ruhm, der Verlierer der berühmten «unsterblichen Partie» zu sein, in der Anderssen seine Dame und beide Türme für ein spektakuläres Matt opferte. Die «Unsterbliche» verdient ihren Ruhm als schreckliche Warnung vor allzu großer Gier, es läßt sich aber nicht leugnen, daß im ersten Teil der Partie ausgesprochen plump gespielt wurde. Die vorliegende Partie zeigt, daß Anderssen und Kieseritzky durchaus elegantes Schach zu spielen verstanden.

Das Stellungsbild sieht überraschend modern aus. Schwarz hat seine Figuren nach der Paulsen-Variante der sizilianischen Verteidigung entwickelt, auf die Weiß mit der «Maroczy-Fesselung» antwortet (23 Jahre vor Maroczys Geburt), wobei Bauern auf c4 und e4 die schwarze Stellung einengen. Aber Anderssen konnte den tödlichen Nachteil der weißen Stellung eindrucksvoll aufzeigen.

12 . . . Te8 wäre ein Fehler, da Weiß mit 13. e5 eine Figur gewinnt, denn der Springer f6 hat kein Rückzugsfeld.

12 . . . a6 oder 12 . . . Tc8 sind sinnvolle Züge, auch wenn Weiß nach 13. e5 einige Vorteile erreicht.

Mit 12 . . . Sxf4 kann Schwarz sein Spiel befreien. Nach 13. Txf4 e5 14. Tf2 exd4 15. Lxd4 wäre das materielle Gleichgewicht wiederhergestellt, und der schwache weiße e-Bauer gliche die Schwäche des d-Bauern von Schwarz aus.

Anderssen fand einen besseren Zug: 12 . . . e5. Nach 13. fxe5 (vergleichsweise am besten wäre 13. Sf5 gewesen, obwohl Schwarz mit 13. . . Sxf4 einfach einen Bauern gewinnen könnte) 13 . . . dxe5 fand Weiß plötzlich heraus, daß die Drohung . . . Sf4 ihn Material kostet. Er spielte 14. Sc2 und gab nach 14 . . . Lc5+ 15. Kh1 Lg4 16. Sf3 Sf4 17. Dd2 Sxd3 auf.

Hättest du erkannt, daß in der gezeigten Stellung der weiße Läufer d3 die Schwachstelle von Weiß bildete?

3 Morphy – ‹Amateur› **

Blindpartie, New Orleans 1858
Evans-Gambit

1.	e4	e5	15.	Le2	f5
2.	Sf3	Sc6	16.	f4	Sc6
3.	Lc4	Lc5	17.	Lc4+	Kh8
4.	b4	Lxb4	18.	Lb2	De7
5.	c3	La5	19.	Td-e1	Tf6
6.	d4	exd4	20.	exf5	Df8
7.	0-0	dxc3	21.	*	Dxe8
8.	La3	d6	22.	Dxf6	De7
9.	Db3	Sh6	23.	Dxg7+	Dxg7
10.	Sxc3	Lxc3	24.	f6	Dxg2+
11.	Dxc3	0-0	25.	Kxg2	Lxh3+
12.	Ta-d1	Sg4	26.	Kxh3	h5
13.	h3	Sg-e5	27.	Tg1	Schwarz gibt auf
14.	Sxe5	Sxe5			

* siehe Stellungsbild

Stellung nach 20 . . . Df8
Weiß am Zug

Eines der beliebtesten Bravourstücke Morphys waren seine Blindpartien, d. h., er spielte die Partie im Kopf und verwendete kein Schachbrett. Seine Zeitgenossen begegneten seiner Fähigkeit, acht Partien simultan blind zu spielen, mit Unglauben. Der derzeitige Weltrekord steht bei 52 Partien. Eines der Geheimnisse von Morphys Erfolg war, daß er, weil er soviel besser als seine Gegner war, seine Gehirnzellen wenig damit beschäftigte, die Partie zu gewinnen – dadurch hatte er Reserven, um Stellungen auswendig zu lernen.
Das Stellungsbild zeigt, was für eine wirksame Waffe das Evans-Gambit gegen schwachen Widerstand bildet. Für einen mageren Bauern erhielt Weiß einen überwältigenden Angriff, und die Frage ist nicht mehr, ob Weiß gewinnen wird, sondern welches der schnellste Weg zum Sieg ist.
Das gemächliche 21. g4 könnte Weiß genügen. Die Drohung besteht in 22. g5 Txf5 23. Dxg7+ oder 23. Te8. Auf 21. . . Ld7 kann Weiß mit 22. Df3 leicht die Qualität gewinnen, da 22 . . . Th5 wegen 23. g5 und 24. f6 verlieren würde.
Morphy wählte eine schnellere Methode: 21. Te8 Dxe8 22. Dxf6. Jetzt erlaubt 22 . . . gxf6 23. Lxf6, und 22 . . . De3+ führt nirgends hin, so daß Schwarz gezwungen war, 22 . . . De7 zu spielen. Nun hätte (und sollte) Morphy einfach mit 23. Dxe7 Sxe7 24. f6 Sf5 25. g4 eine Figur gewinnen sollen.
Statt dessen setzte Morphy mit dem blendnerischen 23. Dxg7+ Dxg7 24. f6 fort. Seine Entscheidung wurde gerechtfertigt, als Schwarz sich mit 24 . . . Dxg2+ 25. Kxg2 Lxh3+ 26. Kxh3 h5 schwach wehrte, und Weiß nach 27. Tg1 eine gewonnene Partie überließ. 24 . . . Df8 war angesichts 25. f7+ Se5 26. fxe5 h5 27. e6+ Kh7 28. e7 und Figurengewinn für Weiß auch nicht besser. Aber Schwarz hätte mit 24 . . . Df7 sehr viel ernster Widerstand leisten können! Weiß behält zwar nach 25. Lxf7 die Oberhand, hat aber nicht ein so erdrückendes Übergewicht, wie er es durch den schlichten Zug 23. Dxe7 hätte erreichen können.

4 Morphy – Anderssen *

Stegreifpartie, Paris 1858
Königsgambit

1.	e4	e5	11.	Lxf4	De7
2.	f4	exf4	12.	Lxg8	Lg4
3.	Sf3	g5	13.	Sd2	Kd7
4.	Lc4	Lg7	14.	Ld5	Sd8
5.	0-0	d6	15.	Lxb7	Sxb7
6.	c3	Sc6	16.	Dxb7	a5
7.	Db3	De7	17.	Lxd6	Lxd4+
8.	d4	a6	18.	cxd4	Dxd6
9.	*	Dxg5	19.	Tf7+	Schwarz gibt auf
10.	Lxf7+	Kd8			

* siehe Stellungsbild

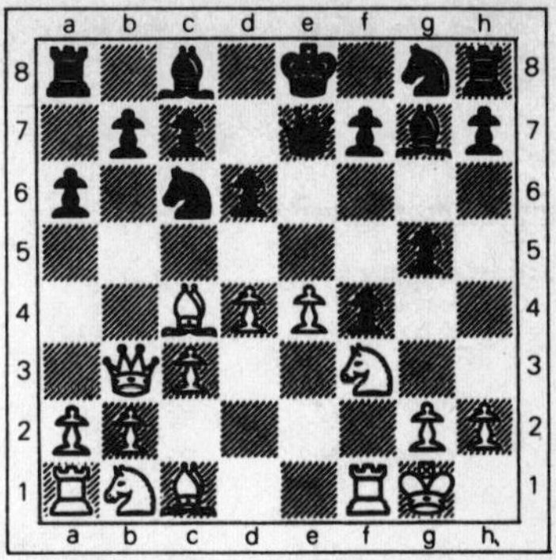

Stellung nach 8 . . . a6
Weiß am Zug

Das Königsgambit ist tot (Bobby Fischer)

Es gibt immer noch einige moderne Ritter, die Fischers schneidiger Bekanntmachung nicht zustimmen. Aber allgemein besteht heutzutage Übereinstimmung, daß Weiß das Bauernopfer 1. e4 e5 2. f4 schwer rechtfertigen kann. In der Mitte des letzten Jahrhunderts war das ganz anders! Jeder andere Zug als 2. f4 wurde als doch feige betrachtet, und die einzige andere respektable Alternative war das ähnlich spritzige Evans-Gambit 1. e4 e5 2. Sf3 Sc6 3. Lc4 Lc5 4. b4. Die vorliegende Partie zeigt, warum derartige Gambite so beliebt waren.
Das Stellungsbild verdeutlicht ein einfaches Beispiel für die Strategie von Weiß im angenommenen Königsgambit. Weiß hat seine Dame und den Königsläufer auf den schwachen Bauern f7 von Schwarz ausgerichtet. Der weiße Tf1 würde sich gerne in den Angriff einreihen, jedoch ist sein Weg vorübergehend durch den schwarzen Bauern f4 versperrt. Wie kann Weiß dieses Hindernis entfernen?
Zurückhaltende Entwicklungszüge wie 9. Sb-d2 ließen Schwarz Zeit, seine Bauernmehrheit auf den Königsflügel durch 9 . . . h6 zu koordinieren.
9. g3 würde Schwarz in die Lage versetzen, mit 9 . . . g4 10. Sh4 f3 einen Keil in die weiße Stellung zu treiben. Weiß könnte sich überlegen, die f-Linie mit einem Figurenopfer freizuräumen, aber es ist zweifelhaft, ob er wirklich genug Ausgleich erhält.
9. h4 ließe Schwarz Zeit genug, seinen f7-Bauern mit 9 . . . g4 10. Sg5 Sh6 11. Txf4 (oder 11. Lxf4) 11 . . . 0-0 zu verteidigen.
Morphy brach mit dem plumpen, aber wirksamen 9. Sxg5 Dxg5 10. Lxf7+ (nicht gleich 10. Lxf4 De7 mit Absicherung des f-Bauern) 10 . . . Kd8 (10 . . . Kf8 11. Lxf4 gefolgt von 12. Lxg8 ist noch schlechter für Schwarz) 11. Lxf4 De7 12. Lxg8. Weiß hat seine Figur zurück und obendrein noch zwei Bauern gewonnen.
Morphy scheint mit dem Evans-Gambit leicht gewonnen zu haben; das ist ziemlich überraschend, denn sein Gegner war einer der Hauptverfechter dieser Eröffnung.

5 Morphy – ‹Amateur› *

Stegreifpartie, Paris 1859

Zweispringerspiel

1.	e4	e5	13.	Sf-g5	De7
2.	Sf3	Sc6	14.	De2	Ld6
3.	Lc4	Sf6	15.	Sxg7+	Kd7
4.	d4	exd4	16.	Dg4+	Kd8
5.	0-0	Sxe4	17.	*	Dxf7
6.	Te1	d5	18.	Lg5+	Le7
7.	Lxd5	Dxd5	19.	Se6+	Kc8
8.	Sc3	Dh5	20.	Sc5+	Kb8
9.	Sxe4	Le6	21.	Sd7+	Kc8
10.	Se-g5	Lb4	22.	Sc6++	Kb8
11.	Txe6+	fxe6	23.	Dc8+	Txc8
12.	Sxe6	Df7	24.	Sd7	matt

*siehe Stellungsbild

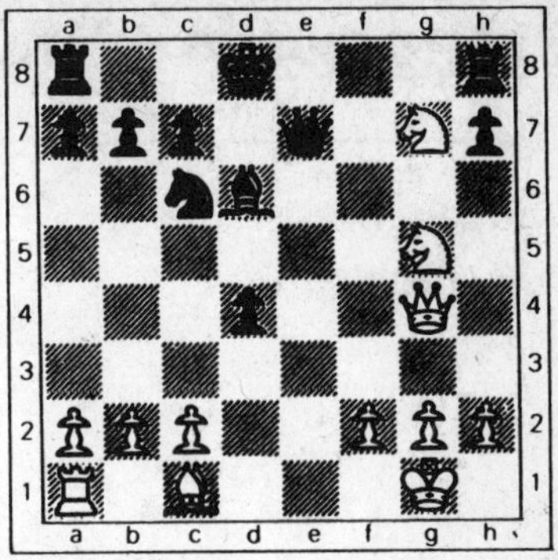

Stellung nach 16 . . . Kd8
Weiß am Zug

Die Mitte des neunzehnten Jahrhunderts wurde auch als das Goldene Zeitalter des Schachspiels bezeichnet. Zweifelsohne war es Zeuge vieler funkelnder Angriffe, aber man muß einräumen, daß die Qualität der Verteidigung oft erschreckend niedrig war.
In dem Diagramm hat Weiß die Qualität für einen Bauern und Angriffsspiel geopfert. Wie sollte er seinen Angriff fortsetzen? Der Plan, mit 17. Ld2 den Turm in den Angriff einzufädeln, ist nicht schlecht. 17 . . . Dxg7? würde dann nach 18. Se6+ die Dame verlieren. Die beste Fortsetzung für Schwarz nach 17. Ld2 ist 17 . . . Se5, wonach Weiß zwar einen starken Angriff behält, aber keinen sofortigen Sieg erzwingen kann.
17. S5-e6+ (stärker als 17. S7-e6+ Ke8!) ist ein zwingenderer Zug. Nach 17 . . . Kc8 (nicht 17 . . . Kd7 18. Sc5++ Kd8 19. Sxb7 matt) darf Weiß die Qualität mit 18. Sc5+ Kb8 19. Sd7+ Kc8 20. Sb6+ Kb8 21. Sxa8 angesichts 21 . . . De1 matt nicht zurückgewinnen. Statt dessen sollte Weiß 18. Sxd4+ Dd7 19. S4-e6 spielen, wodurch er einen zweiten Bauern gewinnt und den Angriff aufrechterhält.
Morphy spielte in Wirklichkeit 17. Sf7+ und gewann auf dramatische Art nach 17 . . . Dxf7 18. Lg5+ Le7 19. Se6+ Kc8 20. Sc5+ Kb8 21. Sd7+ Kc8 22. Sc6++ Kb8 23. Dc8+ Txc8 24. Sd7 matt. Das ist sehr hübsch, aber leider enthält Morphys Kombination ein dickes Loch. Schwarz hätte schlicht 18 . . . Se7 spielen und mit einem ganzen Turm mehr davonkommen können, während Weiß seinen Angriff nicht mehr sinnvoll fortsetzen kann. Daher hätte Weiß auf das blendnerische 17. Sf7+ verzichten und statt dessen einen der beiden oben erwähnten Züge 17. Ld2 oder 17. S5-e6+ spielen sollen.
Ein Scheinsieg des Helden des Goldenen Zeitalters!

6 Anderssen – Neumann *

Berlin 1865

Evans-Gambit

1.	e4	e5	19.	Le2	c3
2.	Sf3	Sc6	20.	Lc1	c2
3.	Lc4	Lc5	21.	Dd2	Sa-c4
4.	b4	Lxb4	22.	Lxc4	Sxc4
5.	c3	Lc5	23.	De2	Ld4
6.	0-0	d6	24.	Sxc2	Lxa1
7.	d4	exd4	25.	Sxa1	Se5
8.	cxd4	Lb6	26.	Sb3	Tc4
9.	d5	Sa5	27.	Se6	Lxe6
10.	Lb2	Se7	28.	dxe6	Dc7
11.	Ld3	0-0	29.	La3	b5
12.	Sc3	Sg6	30.	Dd2	Td8
13.	Se2	c5	31.	Sd4	Db6
14.	Kh1	f6	32.	Sf3	Sxf3
15.	Se1	Ld7	33.	gxf3	Td4
16.	f4	Tc8	34.	Dg2	Ta4
17.	f5	Se5	35.	Tg1	Dc7
18.	Sf4	c4	36.	*	Schwarz gibt auf

* siehe Stellungsbild

Stellung nach 35 . . . Dc7
Weiß am Zug

Man kann in dieser Partie Anderssens Leistung schwer einschätzen. Er wurde fast während der gesamten Partie völlig an die Wand gespielt, und noch zwei Züge vor dem Ende stand er auf total verlorenem Posten. Und dennoch gelang es ihm, den Spieß mit einem einzigen vernichtenden Zug umzudrehen. Glück oder brillante Anpassung an jede Lage? Das kann man sich selbst aussuchen.
Im Stellungsbild hat Weiß die Qualität verloren. Er drückt etwas auf den schwarzen Bauern g7, aber die schwarze Dame c7 scheint ihn ausreichend zu decken. Inzwischen ist der weiße Läufer a3 angegriffen.
36. Lc1 mit der Drohung 37. Lh6 erreicht nach 36 . . . Txa2 und der Auflösung der Fessel des g-Bauern nichts.
36. Lb2 mit der Drohung 37. Lxf6 erreicht noch weniger, denn nach 36 . . . Txa2 ist der Läufer gefesselt.
Tatsächlich dauerte die Partie nur noch einen Zug lang. Anderssen spielte 36. e5!, und sein Gegner gab auf. Es ist kaum zu glauben, daß Schwarz sich nicht mehr wehren kann, aber es ist wahr.
Weiß droht mit dem riesenhaften Zug 37. exf6, z. B. 36 . . . Txa3 37. exf6, und Schwarz kann sich gegen 38. e7 nicht mehr wehren, denn seine Dame ist abgeschnitten, und es droht 39. Dxg7 matt. Auf 36 . . . dxe5 gewinnt 37. e7 durch die Unterbrechung der Linien der schwarzen Dame.
36 . . . fxe5 37. f6 bringt Schwarz in eine seltsam hilflose Lage. Weiß droht wieder mit 38. e7 und 39. Dxg7 matt. Auf 37 . . . g6 folgt 38. Lc1 (zielt auf h6), und Schwarz kann den Vormarsch der weißen Bauern nicht mehr aufhalten, z. B. 38 . . . Tf8 39. e7 Te8 40. Dh3 mit der Drohung 41. De6+ oder 41. Dh6.
Es ist vielleicht überraschend, daß Schwarz sofort aufgab, ohne sich eine dieser Varianten zeigen zu lassen. Vermutlich war er durch den plötzlichen Wechsel des Spielglücks völlig am Boden zerstört.

7 Zukertort – Steinitz ***

1. Wettkampfpartie 1886

Abgelehntes Damengambit

1.	d4	d5	24.	Ke1	Sg4
2.	c4	c6	25.	Lxg4	Lxg4
3.	e3	Lf5	26.	Se2	De7
4.	Sc3	e6	27.	Sf4	Th6
5.	Sf3	Sd7	28.	Lc3	g5
6.	a3	Ld6	29.	Se2	Tf6
7.	c5	Lc7	30.	Dg2	Tf3
8.	b4	e5	31.	Sf1	Tb8
9.	Le2	Sg-f6	32.	Kd2	f5
10.	Lb2	e4	33.	a5	f4
11.	Sd2	h5	34.	Th1	Df7
12.	h3	Sf8	35.	Te1	fxe3+
13.	a4	Sg6	36.	Sxe3	Tf2
14.	b5	Sh4	37.	Dxf2	Dxf2
15.	g3	*	38.	Sxg4	Lf4+
16.	Kf1	Sxe3+	39.	Kc2	hxg5
17.	fxe3	Lxg3	40.	Ld2	e3
18.	Kg2	Lc7	41.	Lc1	Dg2
19.	Dg1	Th6	42.	Kc3	Kd7
20.	Kf1	Tg6	43.	Th7+	Ke6
21.	Df2	Dd7	44.	Th6+	Kf5
22.	bxc6	bxc6	45.	Lxe3	Lxe3
23.	Tg1	Lxh3+	46.	Tf1+	Lf4
				Weiß gibt auf	

* siehe Stellungsbild

Stellung nach 15. g3
Schwarz am Zug

Im neunzehnten Jahrhundert fanden eine Reihe Gladiatorenkämpfe zwischen den für führend gehaltenen Spielern dieser Zeit statt.
Aber erst 1886 wurde einer dieser Wettkämpfe als offizielle Weltmeisterschaft anerkannt. Der Österreicher Wilhelm Steinitz hatte den Einfall, eine offizielle Weltmeisterschaft durchzuführen, und derselbe Wilhelm Steinitz gewann sie auch. Hier sieht man, wie er sich den Weg zum Sieg erkämpfte.
Die gezeigte Stellung ergab sich nach vierzehn Zügen, in denen keine Figur abgetauscht wurde — ein bemerkenswerter Vorfall im neunzehnten Jahrhundert. Das Zentrum ist blockiert. Die Chancen für Weiß liegen, wenn überhaupt, auf dem Damenflügel, Schwarz hat Möglichkeiten auf dem Königsflügel. Weiß hat das provozierende 14 . . . Sh4 von Schwarz gerade mit 15. g3 beantwortet. Wohin sollte Schwarz seinen angegriffenen Springer ziehen? Nach 15. Sg2+ 16. Kf1 sitzt der Springer in der Falle, und daher sollte Schwarz offensichtlich 15 . . . Sg6 wählen, wonach er etwas besser steht. Er droht, mit . . . h4 die Stellung aufzubrechen, und wenn Weiß das verhindern will, indem er selbst h4 spielt, werden seine weißen Felder geschwächt. Schwarz wäre also nach 15 . . . Sg6 im Vorteil. Aber Steinitz (der einmal in einem eher umnachteten Geisteszustand Gott zu einer Partie mit Vorgabe herausforderte) war mit einem kleinen Stellungsvorteil nicht zufrieden. Er spielte 15 . . . Sg2+ und setzte nach 16. Kf1 mit . . . Sxe3+ 17. fxe3 Lxg3 fort. Zwar erhielt Schwarz für den Augenblick nur zwei Bauern für seine geopferte Figur, aber in der weißen Stellung lagen so wenig Möglichkeiten für ein Gegenspiel, daß Schwarz bald einen dritten Bauern gewann und schließlich den weißen Königsflügel überrollte.
Das war also die erste Partie um eine Weltmeisterschaft. Vergleiche sie einmal mit dem jüngeren Beispiel auf Seite 136. Irgendwelche Schlußfolgerungen?

8 Steinitz – Tschigorin ***

20. Wettkampfpartie 1892

Abgelehntes Damengambit

1.	Sf3	d5	22.	Txb2	Lf6
2.	d4	Sf6	23.	Da4	Kf7
3.	e3	e6	24.	Da3	Ld8
4.	c4	Le7	25.	Ld1	Tb8
5.	Sc3	Sb-d7	26.	Tb6	Sxb6
6.	c5	c6	27.	cxb6	Db7
7.	b4	0-0	28.	Se5+	Kg8
8.	Lb2	Dc7	29.	La4	De7
9.	Le2	Se8	30.	Lb4	Df6
10.	0-0	f5	31.	Dc3	h6
11.	Dc2	Se-f6	32.	Ld6	Txb6
12.	a4	Se4	33.	axb6	Lxb6
13.	b5	Tf6	34.	Dxc6	Dd8
14.	a5	Sxc3	35.	Lc5	Lc7
15.	Lxc3	a6	36.	Sg6	Kh7
16.	*	bxa6	37.	Le7	Ld7
17.	Tf-b1	Tf8	38.	Lxd8	Lxc6
18.	Tb2	Lb7	39.	Lxc6	Lxd8
19.	Ta-b1	Tf-b8	40.	Sf8+	Kg8
20.	Se1	Lc8	41.	Sxe6	Schwarz gibt auf
21.	Sd3	Txb2			

* siehe Stellungsbild

Der Vater des modernen Schachspiels, wie Steinitz oft genannt, sah ganz anders aus, als man sich eine solche Figur gemeinhin vorstellt. Er glich einer Mischung aus Peter Ustinov und Toulouse-Lautrec. Sein Schreibstil reichte, was Überschwenglichkeit und Klarheit angeht, an den von Karl Marx heran. Sein Urteilsvermögen im Schachspiel wurde gelegentlich von dem beeinflußt, was man wohlwollend als Exzentrizität bezeichnen kann (er war überzeugt, daß der weiße König im Königsgambit auf d3 gut steht). Und doch stellte sein Nachfolger auf dem Thron des Schachweltmeisters, Dr. Emanuel Lasker, fest: «Dieser kleine Mann hat uns alles beigebracht, was wir über das Schachspiel wissen.» Die vorliegende Partie zeigt die Art, in der Steinitz seiner Zeit so weit voraus war.

Stellung nach 15 . . . a6
Weiß am Zug

Die abgebildete Stellung ist ziemlich blockiert – die Sorte Stellung, die nur wenige Spieler des neunzehnten Jahrhunderts, außer Steinitz zu verstehen begannen. Schwarz hat seine Bauern als Mauer auf c6, d5, e6 und f5 stehen. In den Händen gewitzter Praktiker wie Botwinnik und Bellin kann das eine spielbare Aufstellung sein, häufiger aber ist sie ein sicheres Rezept für einen langfristigen positionellen Nachteil. In der hier gezeigten Stellung hat Weiß einen klaren Vorteil auf dem Damenflügel, während die Aussichten von Schwarz auf dem Königsflügel ziemlich mickrig sind.
Weiß gerät leicht in die Versuchung, zum Ausbau seines Raumvorteils auf dem Damenflügel 16. b6 zu spielen. Nur kann er danach dort nicht mehr durchbrechen. Er würde versuchen müssen, das Zentrum aufzuhebeln oder einen Umweg über den Königsflügel zu machen und von hinten in die schwarze Stellung einzufallen, um seinen vorgeschobenen Bauern b6 auszunutzen. Aber warum sollte man die Stellung auf dem Damenflügel blockieren, wenn dort der Hauptvorteil liegt?
Steinitz spielte überlegen 16. bxa6, und die Partie wurde fortgesetzt mit 16 . . . bxa6 17. Tf-b1 Tf8 18. Tb2 Lb7 19. Ta-b1 Tf-b8 20. Se1 Lc8 21. Sd3 Txb2 22. Txb2 Lf6 23. Da4 Kf7 24. Da3 Ld8 25. Ld1 Tb8. Und nun kommt der Clou des Zuges 16. bxa6: 26. Tb6!
Durch das Qualitätsopfer erzwingt Weiß den entscheidenden Durchbruch auf dem Damenflügel. Als Steinitz 16. bxa6 zog, konnte er sich die nächsten zehn Züge nicht genau durchgerechnet haben. Aber er muß die Idee eines Qualitätsopfers auf b6 gehabt haben. Daß Steinitz die Bedeutung solcher weitreichender Pläne aufzeigte, macht sein großes Erbe an die Schachwelt aus.

9 Tarrasch – Tschigorin **

5. Wettkampfpartie 1893
Spanisch

1.	e4	e5	14.	Ld5	Tb8
2.	Sf3	Sc6	15.	f4	c6
3.	Lb5	a6	16.	Lxc6+	Ke7
4.	La4	Sf6	17.	Ld5	b4
5.	Sc3	Lb4	18.	fxe5	Db6+
6.	Sd5	La5	19.	Kh1	Sxe5
7.	0-0	b5	20.	Dh5	Sg6
8.	Lb3	d6	21.	Txf6	Kxf6
9.	d3	Lg4	22.	Lg5+	Kg7
10.	c3	Se7	23.	Dh6+	Kg8
11.	*	dxe5	24.	Tf1	Tf8
12.	Sxf6+	gxf6	25.	Lf6	Dxf6
13.	Dxg4	Sg6	26.	Txf6	Schwarz gibt auf

* siehe Stellungsbild

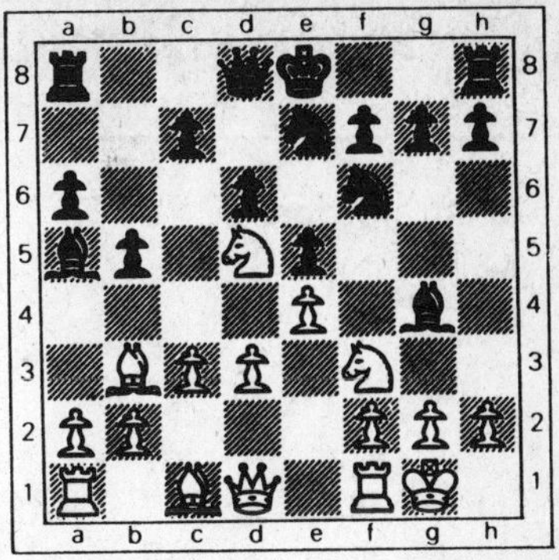

Stellung nach 10 . . . Se7
Weiß am Zug

Tarrasch ist als einer der großen Schachstrategen bekannt, aber selbst Strategen lassen sich manchmal dazu verleiten, taktisch zu spielen. In dem Diagramm hat Schwarz eben 10 . . . Se7 gespielt, und der Stratege in Tarrasch muß sich danach gesehnt haben, 11. Sxf6+ zu spielen und die schwarze Bauernstruktur zu schwächen. Aber der Taktiker in ihm hatte einen besseren Einfall.

Tarrasch spielte 11. Sxe5, was zu den folgenden Abspielen führt:

(1) 11 . . . Lxd1 12. Sxf6+ gxf6 (12 . . . Kf8 verliert ebenfalls nach 13. S [beliebig] d7+) 13. Lxf7+ Kf8 14. Lh6 matt.

(2) 11 . . . S(beliebig) xd5 12. Sxg4 mit einem Mehrbauern. Dies war vergleichsweise die beste Verteidigung für Schwarz, da er mit ihr zumindest einen Doppelbauer vermeidet.

(3) 11 . . . dxe5 (die Verteidigung, die Schwarz schließlich wählte) 12. Sxf6+ gxf6 13. Dxg4 Sg6 (nicht 13 . . . Dxd3 14. Td1 und die Dame sitzt in der Falle) 14. Ld5 und Weiß hat einen Bauern mehr bei erdrückender Stellung.

Tarraschs Kombination war zwar sehr hübsch, aber ihr Grundmotiv stammte nicht von ihm. Es läßt sich ins achtzehnte Jahrhundert zurückverfolgen, wo es unter dem Namen «Légals Vermächtnis» Berühmtheit erlangte. Die ursprüngliche Partie Légal–Saint Brie verlief wie folgt: 1. e4 e5 2. Lc4 d6 3. Sf3 Lg4 4. Sc3 g6? 5. Sxe5 Lxd1 6. Lxf7+ Ke7 7. Sd5 matt.

Tarraschs Leistung lag im Wiedererkennen eines alten Motivs in einer neuen Stellung. Vergleiche Aljechin–Golombek auf Seite 82.

10 Lasker – Steinitz ***

13. Wettkampfpartie 1894
Spanisch

1.	e4	e5	20.	bxc4	Lb4	39.	Ke4	Lxh4
2.	Sf3	Sc6	21.	c3	Lc5+	40.	g3	Ld8
3.	Lb5	a6	22.	Kh1	Td3	41.	Se3+	Kb4
4.	Lxc6	dxc6	23.	Tc1	a5	42.	Kd3	Kxa4
5.	d4	exd4	24.	Sd-e3	f5	43.	Kc2	Kb5
6.	Dxd4	Dxd4	25.	exf5	gxf5	44.	f4	Kc5
7.	Sxd4	c5	26.	h3	Tg8	45.	f5	Kd6
8.	Se2	Ld7	27.	Sd5	Lxd5	46.	g4	b5
9.	Sb-c3	0-0-0	28.	exd5	Txd5	47.	Sd1	Ke5
10.	Lf4	Lc6	29.	Tc-d1	Txd1	48.	Sc3	b4
11.	0-0	Sf6	30.	Txd1	f4	49.	Sa4	Kd4
12.	f3	Le7	31.	Kh2	Te8	50.	Sb2	b5
13.	Sg3	g6	32.	a4	Kc7	51.	Kb3	Le7
14.	Tf-e1	Sd7	33.	h4	Kc6	52.	g5	a4+
15.	Sd1	Sb6	34.	c4	Lb4	53.	Sxa4	bxa4+
16.	Sf1	Td7	35.	Kh3	Te1	54.	Kxa4	Ke5
17.	Le3	Th-d8	36.	Txe1	Lxe1	55.	Kb3	Kxf5
18.	b3	*	37.	Kg4	Kc5	Weiß gibt auf		
19.	Lxb6	cxb6	38.	Kxf4	Kxc4			

* siehe Stellungsbild

Stellung nach 18. b3
Schwarz am Zug

Wilhelm Steinitz behauptete, daß zwei Läufer im allgemeinen wirksamer seien als Läufer und Springer, und er konnte zu seiner Befriedigung die Wahrheit dieser Behauptung im Laufe seines Lebens viele Male aufzeigen.
Im Diagramm hat Schwarz nicht nur den Vorteil des Läuferpaares, sondern er hat auch seine Figuren aktiver plaziert und kontrolliert die einzige offene Linie. Die einzige Schwäche in seiner Stellung ist sein Doppelbauer.
18 . . . Lf6 stellt zwar einen der schwarzen Läufer auf die lange Diagonale und sieht sehr verlockend aus, erreicht aber nach 19. Tb1 gar nichts.
Steinitz schlug mit dem Zug 18 . . . c4 zwei Fliegen mit einer Klappe. Dieser Zug bringt nicht nur den schwarzen Doppelbauern zum Verschwinden, sondern er öffnet auch die Stellung für das Läuferpaar. Steinitz verstand als erster Spieler wirklich, daß der Vorteil des Läuferpaars in offenen Stellungen noch verstärkt wird, und er demonstrierte das auch in seinen Partien.
Weiß hätte einen zurückhaltenden Zug wie 19. Sb2 machen sollen. Statt dessen spielte er Schwarz in die Hände mit 19. Lxb6 cxb6 20. cxb6, und nach 20 . . . Lb4 (um eine Schwäche zu provozieren) 21. c3 Lb5+ 22. Kh1 Td3 hat Schwarz eine überwältigende Stellung.
Diese Partie ist ein Schulbeispiel für die schwarze Strategie in der Abtauschvariante der Spanischen Partie, auch wenn man einräumen muß, daß Schwarz durch ungenaues Spiel seines Gegners unterstützt wurde. Lasker lernte seine Lektion und wandte seine so gewonnenen Kenntnisse in einer entscheidenden Partie gegen Capablanca in St. Petersburg 1914 an.

11 Tarrasch – Teichmann ***

Ostende 1905
Spanisch

1.	e4	e5
2.	Sf3	Sc6
3.	Lb5	a6
4.	La4	Sf6
5.	0-0	Le7
6.	Te1	d6
7.	c3	0-0
8.	h3	Ld7
9.	d4	h6
10.	Lc2	Te8
11.	Sb-d2	Lf8
12.	Sf1	g6
13.	Sg3	Lg7
14.	Le3	Kh7
15.	Dd2	De7
16.	d5	Sd8
17.	c4	a5
18.	b3	b6
19.	a3	Sb7
20.	b4	Ta7
21.	Dc3	Sg8
22.	Sd2	Te-a8
23.	f3	Sf6
24.	Lb3	Le8
25.	Ta-c1	Sd7
26.	Dc2	Lf8
27.	Se2	Lg7
28.	Sc3	Sf6
29.	Sb5	Lxb5
30.	cxb5	Se8
31.	Dd3	axb4
32.	axb4	Sd8
33.	Df1	Dd7
34.	Ta1	Dc8
35.	Txa7	Txa7
36.	Ta1	Txa1
37.	Dxa1	Db8
38.	Da6	Sf6
39.	*	Kg8
40.	g3	Kf8
41.	h4	Sd7
42.	Lf1	Ke8
43.	Lh3	Lf8
44.	Sc4	h5
45.	g4	Le7
46.	Lf2	Lf6
47.	gxh5	gxh5
48.	Kh1	Db7
49.	Se3	Sf8
50.	Sf5	Db8
51.	Da1	Sg6
52.	Lg3	Lh8
53.	Kh2	Db7
54.	Lg2	Dc8
55.	Dc1	Dd7
56.	Lh3	Kf8
57.	Dh6+	Kg8
58.	Dxh5	De8
59.	Dg5	Kf8
60.	h5	Sf4
61.	Lh4	f6
62.	Dh6+	Kg8
63.	Lxf6	Sf7
64.	Se7+	Dxe7
65.	Dxh8+	Sxh8
66.	Lxe7	Sf7
67.	Le6	Sxh5
68.	Ld8	Schwarz gibt auf

* siehe Stellungsbild

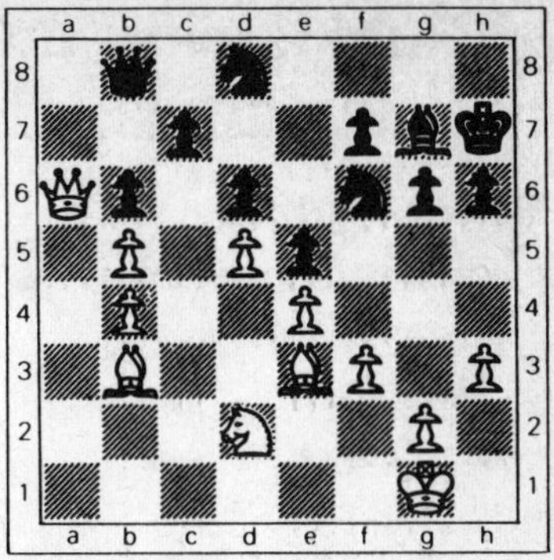

Stellung nach 38 . . . Sf6
Weiß am Zug

Tarrasch liebte es, Raumvorteile auszunutzen. Er hatte erkannt, daß man die größere Beweglichkeit, die Raumvorteile mit sich bringt, am besten dadurch ausnutzt, indem man seine Figuren auf die besten Felder postiert, bevor man den Durchbruch versucht. Ein solches Vorgehen kostet Zeit, aber der Spieler mit dem Raumvorteil kann diese Zeit besser ausnutzen als sein Gegner.

Im Stellungsbild oben springt der Raumvorteil von Weiß ins Auge. Schwarz kann wenig mehr tun als abzuwarten und zuzuschauen, wie Weiß den Durchbruch versuchen will. Weiß hat seinen Pfeil auf den Damenflügel abgeschossen; der schwarze c-Bauer ist potentiell schwach, aber Weiß hat keine Möglichkeit, ihn sofort anzugreifen.

Das Zentrum ist blockiert; daher ist klar, daß Weiß sein Glück auf dem Königsflügel versuchen muß. 39. f4 würde die meisten Probleme von Schwarz lösen. Nach 39 . . . exf4 40. Lxf4 Sd7 erwacht der schwarze Läufer g7 zum Leben, und der Springer würde auf e5 einen idealen Vorposten finden.

39. h4 oder 39. g4 sind keine schlechten Züge, aber Weiß braucht bei der Offenlegung seiner Absichten keine Eile an den Tag zu legen.

Tarrasch spielte 39. Lc4. Warum ist das so ein guter Zug? Weil er zeigt, daß Weiß zweckgerichtet spielt. Er ist bereit, fünf Züge darauf zu verwenden, die Stellung seiner einzigen schlecht plazierten Figur zu verbessern. Die Partie wurde fortgesetzt mit 39 . . . Kg8 40. g3 Kf8 41. h4 Sd7 42. Lf1 Ke8 43. Lh3 (Auftrag erfüllt!) 43 . . . Lf8 44. Sc4 h5, und erst jetzt begann Weiß den entscheidenden Durchbruch mit 45. g4.

Beachte, daß im weiteren Verlauf der Partie der weiße Läufer h3 nicht direkt in den Kampf eingreift. Aber seine Anwesenheit engte die schwarze Dame ein und leistete so einen wichtigen Beitrag zum Sieg von Weiß.

12 Rubinstein – Lasker ✻✻✻✻

St. Petersburg 1909

Abgelehntes Damengambit

1.	d4	d5	21.	Tf4	f5
2.	Sf3	Sf6	22.	Dc5	De7
3.	c4	e6	23.	Dxe7+	Kxe7
4.	Lg5	c5	24.	Txf5	Td1+
5.	cxd5	exd5	25.	Kf2	Td2+
6.	Sc3	cxd4	26.	Kf3	Txb2
7.	Sxd4	Sc6	27.	Ta5	Tb7
8.	e3	Le7	28.	Ta6	Kf8
9.	Lb5	Ld7	29.	e4	Tc7
10.	Lxf6	Lxf6	30.	h4	Kf7
11.	Sxd5	Lxd4	31.	g4	Kf8
12.	exd4	Dg5	32.	Kf4	Ke7
13.	Lxc6	Lxc6	33.	h5	h6
14.	Se3	0-0-0	34.	Kf5	Kf7
15.	0-0	Th-e8	35.	e5	Tb7
16.	*	Txe3	36.	Td6	Ke7
17.	Txc6+	bxc6	37.	Ta6	Kf7
18.	Dc1	Txd4	38.	Td6	Kf8
19.	fxe3	Td7	39.	Tc6	Kf7
20.	Dxc6+	Kd8	40.	a3	Schwarz gibt auf

* siehe Stellungsbild

Stellung nach 15 . . . Th-e8
Weiß am Zug

Zu Beginn dieses Jahrhunderts betrachtete man Rubinstein als mutmaßlichen Erben des Weltmeisters Lasker. Aber bevor ein Titelkampf angesetzt werden konnte, erschien ein größeres Genie auf der Bildfläche: Capablanca. Rubinstein fand sich plötzlich in der unglücklichen Lage eines Mannes mit einer großen Zukunft hinter sich. Es ist interessant, daß Rubinstein die erste Partie gegen seine beiden großen Rivalen gewann, sie aber später nicht mehr schlagen konnte.
In dem Diagramm hat Lasker einen Bauern für Angriffsspiel geopfert und droht, sofort mit 16 . . . Txe3 zu gewinnen. Rubinstein muß sich entscheiden, ob er sich mit 16. Dg4+ in ein Endspiel mogeln will, oder ob er versuchen soll, dem Sturm des Mittelspiels durch 16. g3 oder 16. Tc1 zu trotzen.
Ein Endspiel bietet Weiß wenig Rettungsaussichten: Nach 16. Dg4+ Dxg4 17. Sxg4 Te2! (viel stärker, als sofort 17 . . . Txd4 zu spielen) sollten die aktiveren schwarzen Türme den Tag entscheiden.
16. g3 erlaubt 16 . . . Txe3 17. fxe3 Dxe3+ 18. Tf2 De4 mit einem bösartigen Angriff auf den weißen Feldern.
Rubinstein spielte 16. Tc1, und Lasker hatte zweifelsohne nach 16 . . . Txe3 (16 . . . Kb8 wäre eine Verbesserung, aber Weiß behält den Vorteil, da er nach 17. Tc2 den schwachen Punkt g2 indirekt deckt) 17. Txc6+ bxc6 18. fxe3 erwartet, was nach 18 . . . Dxe3+ 19. Kh1 Dxd4 zu leichten Vorteilen für Schwarz führt. Aber nach dem hinterhältigen Zwischenzug 18. Dc1!! konnte Lasker keine bessere Erwiderung finden als 18 . . . Txd4, und die Partie wurde mit 19. fxe3 Td7 20. Dxc6+ Kd8 21. Tf4! fortgesetzt. Die Bedrohung seines Königs zwang Schwarz nun, mit 21 . . . f5 22. Dc5 De7 23. Dxe7+ Kxe7 24. Txf5 in ein Endspiel mit einem Bauern weniger überzuleiten. Rubinstein gewann das Endspiel mit schulbuchmäßiger Präzision.

13 Tarrasch – Aljechin **

Hamburg 1910
Abgelehntes Damengambit

1.	d4	d5
2.	Sf3	e6
3.	e3	c5
4.	c4	Sf6
5.	Sc3	a6
6.	Se5	Sc6
7.	Sxc6	bxc6
8.	Ld3	Le7
9.	0-0	0-0
10.	Sa4	cxd4
11.	exd4	Dc7
12.	c5	e5
13.	Sb6	Ta7
14.	dxe5	Dxe5
15.	Te1	Db8
16.	Dc2	h6
17.	Sxc8	Txc8
18.	Ld2	Te8
19.	Te2	Sg4
20.	g3	Se5
21.	Lf4	Lg5
22.	*	Txe5
23.	Ta-e1	Txe2
24.	Txe2	a5
25.	Da4	Da8
26.	b4	Le7
27.	b5	cxb5
28.	Lxb5	Kh7
29.	c6	Lf6
30.	Dc2+	g6
31.	Dc5	Db8
32.	Te8	Dxe8
33.	Dxa7	Le5
34.	Dxa5	De7
35.	De1	Df6
36.	a4	Lc7
37.	a5	Kg7
38.	a6	Dd4
39.	Kg2	Dc5
40.	Da1+	f6
41.	Db2	Db6
42.	De2	Kf7
43.	La4	Kf8
44.	De3	Db4
45.	Dxh6+	Ke7
46.	Dg7+	Ke6
47.	Dd7+	Ke5
48.	De8+	Kd4
49.	De3+	Kc4
50.	Db3+	Dxb3
51.	Lxb3+	Schwarz gibt auf

* siehe Stellungsbild

Hier haben wir einen Zusammenprall zwischen Siegbert Tarrasch, dem großen Vertreter der klassischen Schule, der seine strahlendsten Erfolge in den neunziger Jahren des letzten Jahrhunderts erzielte, und dem jugendlichen Aljechin, der in den späten zwanziger Jahren Weltmeister werden sollte. Hier gewinnt der alte Meister, indem er die Bauernschwächen seines Gegners ausnutzt. Die schwarzen Bauern a6 und c6 sehen tatsächlich so aus, als könnten sie Ziele eines weißen Angriffs werden, aber wie sollte man sich ihnen nähern?

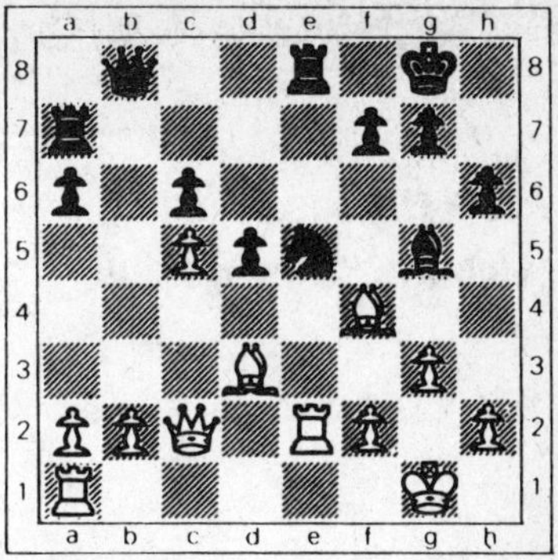

Stellung nach 21 . . . Lg5
Weiß am Zug

22. Lxg5 wäre sinnlos. Nach 22 . . . hxg5 ist der schwarze Doppelbauer keineswegs schwach, während Schwarz ebensogut mit 22 . . . Sf3+ 23. Kg2 Sg5 jede Schwächung seines Bauernskeletts abwenden könnte und damit droht, seinen Springer auf das aggressive Feld e6 zu manövrieren.

Ähnlich wäre 22. Ta-e1 (in der Absicht, auf der e-Linie eine Fessel zu schaffen), wegen 22 . . . Sf3+ gefolgt von . . . Sxe1, ein schwerer Fehler.

Tarrasch löste das Problem, indem er die Stellung auf das Notwendigste reduzierte und alle Figuren abtauschte, die am offensichtlichsten in Aktion waren. Diese Strategie führt letztendlich dazu, daß Schwarz mit seiner Dame und dem schwarzfeldrigen Läufer gegen die weiße Dame und deren weißfeldrigen Läufer steht. Die übrigen weißen Figuren sind die, welche in dieser Stellung am besten den größtmöglichen Druck auf den isolierten a-Bauern und den festsitzenden c-Bauern von Weiß ausüben können.

Tarrasch spielte 22. Lxe5!, und nach 22 . . . Txe5 23. Ta-e1 Txe2 24. Txe2 a5 25. Da4 Da8 26. b4 Le7 27. b5 cxb5 28. Lxb5 Kh7 29. c6 besitzt er einen mächtigen Freibauern auf der c-Linie, während er Schwarz isolierte Bauern auf a5 und d5 beschert hat. Die beste Chance für Schwarz wäre gewesen 24 . . . Te7 25. Txe7 Lxe7 26. Lxa6 Db4 27. a3 Dxc5 28. Dxc5 Lxc5, auch wenn Weiß thematisch einen weißfeldrigen Bauern mit 29. Lb7 gewinnt. Man muß daran denken, daß ungleichfarbige Läufer nicht nur eine Remis-Garantie sind. Sie können auch für den Angreifer nützlich sein, wenn es angreifbare Objekte im Lager des Gegners gibt, da der andersfarbige Läufer des Opfers häufig keine sinnvolle Verteidigungsarbeit leisten kann.

14 Rubinstein – Capablanca ***

San Sebastian 1911

Abgelehntes Damengambit

1.	d4	d5	22.	Lg4	Td6
2.	Sf3	c5	23.	Tf-e1	Txe1
3.	c4	e6	24.	Txe1	Tb6
4.	cxd5	exd5	25.	Te5	Txb2
5.	Sc3	Sc6	26.	Txd5	Sc6
6.	g3	Le6	27.	Le6+	Kf8
7.	Lg2	Le7	28.	Tf5+	Ke8
8.	0-0	Tc8	29.	Lf7+	Kd7
9.	dxc5	Lxc5	30.	Lc4	a6
10.	Sg5	Sf6	31.	Tf7+	Kd6
11.	Sxe6	fxe6	32.	Txg7	b5
12.	Lh3	De7	33.	Lg8	a5
13.	Lg5	0-0	34.	Txh7	a4
14.	Lxf6	Dxf6	35.	h4	b4
15.	*	Dh6	36.	Th6+	Kc5
16.	Kg2	Tc-d8	37.	Th5+	Kb6
17.	Dc1	exd5	38.	Ld5	b3
18.	Dxc5	Dd2	39.	axb3	a3
19.	Db5	Sd4	40.	Lxc6	Txb3
20.	Dd3	Dxd3	41.	Ld5	a2
21.	exd3	Tf-e8	42.	Th6+	Schwarz gibt auf

* siehe Stellungsbild

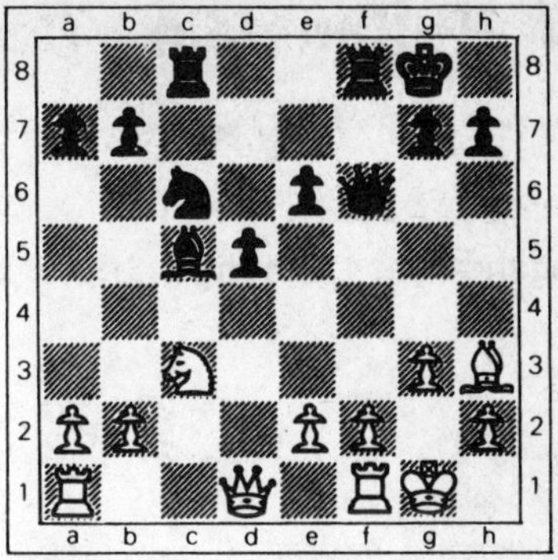

Stellung nach 14 . . . Dxf6
Weiß am Zug

Im Jahre 1911 stellte Capablanca in San Sebastian klar, daß er, und nicht Rubinstein, Lasker auf den Thron des Weltmeisters folgen würde. Rubinstein blieb wenigstens der Trost, dem jungen Emporkömmling die einzige Niederlage verpaßt zu haben.
Das Diagramm zeigt eine zweischneidige Stellung, in der beide Spieler schwache Bauern haben (Weiß auf f2 und Schwarz auf e6). Die ungleichfarbigen Läufer, die keineswegs die Remisaussichten erhöhen, verschärfen diese Schwächen. Schwarz droht mit 15 . . . Lxf2+, und der offensichtliche Zug, um das zu verhindern, ist 15. e3. Das Problem ist, daß dieser Zug f3 schwächt, und die peinliche Erwiderung 15 . . . Se5 (mit der Drohung 16 . . . Sc4 und 17 . . . Sf3+) zuläßt. Rubinstein entschloß sich, die Stellung mit Hilfe von taktischen Hilfsmitteln zu lösen, und spielte 15. Sxd5! Dieser Zug scheint einfach einen Bauern zu gewinnen, da 15 . . . exd5 angesichts 16. Dxd5+ gefolgt von Lxc8 und/oder Dxc5 nicht in Frage kommt. Capablanca allerdings glaubte, alles unter Kontrolle zu haben, und spielte 15 . . . Dh6 16. Kg2 Ta-d8. Jetzt sieht es so aus, als sei Weiß in die eigene Grube gefallen und daß die Fessel auf der d-Linie ihn eine Figur kosten wird. Aber es gibt mehr Gruben zwischen Himmel und Erde . . .
Rubinstein hatte das letzte Wort mit 17. Dc1!!, einem wunderschönen Zug, der zugleich die Fessel des weißen Springers d5 auflöst und den schwarzen Läufer c5 angreift. Capablanca blieb keine andere Wahl, als den Verlust eines Bauern stillschweigend hinzunehmen, und Rubinstein gewann das schwierige Endspiel.
Die Ähnlichkeit zwischen dem Schlüsselzug dieser Partie (17. Dc1) und der Partie Rubinstein–Lasker 1909 auf Seite (18. Dc1!) ist doch auffällig.

15 Rubinstein – Marshall ***

Breslau 1912

Abgelehntes Damengambit

1.	d4	d5
2.	Sf3	c5
3.	c4	e6
4.	cxd5	exd5
5.	Sc3	Sc6
6.	g3	Sf6
7.	Lg2	cxd4
8.	Sxd4	Lc5
9.	Sb3	Lb4
10.	0-0	Lxc3
11.	bxc3	0-0
12.	Lg5	Le6
13.	Sc5	De7
14.	Sxe6	fxe6
15.	*	dxc4
16.	Lxc6	bxc6
17.	Dd4	Dd8
18.	Lxf6	Txf6
19.	Dxc4	Dd5
20.	Ta-c1	Ta-f8
21.	e4	Dh5
22.	f4	Da5
23.	e5	Th6
24.	Tc2	Db6+
25.	Kg2	Td8
26.	T1-f2	Tc8
27.	Tf-d2	Kh8
28.	Td6	Db1
29.	Txc6	Tg8
30.	Tc8	Db7+
31.	Kg1	Db6+
32.	Dc5	Dxc5+
33.	T2xc5	g5
34.	Txg8+	Kxg8
35.	fxg5	Th5
36.	h4	h6
37.	gxh6	Txh6
38.	Tc8+	Kg7
39.	Tc7+	Kg6
40.	Txa7	Kf5
41.	Ta5	Th8
42.	Kg2	Tb8
43.	Kh3	Tb1
44.	Ta3	Th1+
45.	Kg2	Ta1
46.	Tf3+	Kxe5
47.	Tf2	Kd4
48.	h5	Tc1
49.	h6	e5
50.	g4	e4
51.	h7	Tc8
52.	g5	e3
53.	g6	exf2
54.	g7	Ke3
55.	g8=D	Ke2
56.	De6+	

Schwarz gibt auf

* siehe Stellungsbild

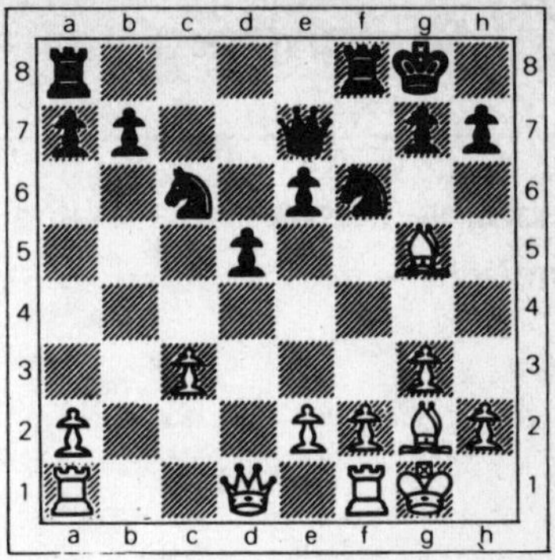

Stellung nach 14 . . . fxe6
Weiß am Zug

Rubinstein war für seine kunstgerechte Behandlung von Endspielen berühmt, besonders bei Endspielen mit Turm und Bauern. Die vorliegende Partie ist ein Beispiel dafür, wie bereitwillig er die Partie zu einem frühen Zeitpunkt auf ein Endspiel zusteuert, wobei er mit seiner virtuosen Technik kleinste Vorteile ausbeutet.
In dem Diagramm hat Weiß den Vorteil des Läuferpaares. In anderer Beziehung sieht die Stellung ungefähr ausgeglichen aus, wobei der weiße Bauer c3 anscheinend ebenso schwach ist wie der schwarze Bauer e6. Aber Rubinstein konnte mit Hilfe des Läuferpaares zeigen, daß die schwarze Bauernstellung in Wirklichkeit verwundbarer war. Routinemäßige Entwicklungszüge von Weiß würden Schwarz keine besonderen Schwierigkeiten machen. Z. B. nach 15. Da4 Dc5 oder 15. Tb1 Sa5 droht Schwarz bereits, ärgerlichen Druck auf den weißen c-Bauern auszuüben.
Die meisten Spieler würden als Weiß wahrscheinlich 15. e4 spielen. Nach dem erzwungenen Abtausch des weißen e-Bauern gegen den schwarzen d-Bauern würde sich die Schwäche des schwarzen e-Bauern angesichts der halboffenen e-Linie deutlich zeigen. Der Nachteil dieses Planes ist, daß Weiß einen schwachen c-Bauern behält. Dies wäre zwar kein ausreichender Ausgleich für Schwarz, aber Rubinstein war nicht bereit, Schwarz auch nur den geringsten Ausgleich zu geben. Daher spielte Rubinstein 15. c4 und nach 15 . . . dxc4 (andere Züge verlieren einen Bauern) 16. Lxc6 bxc6 17. Dd4 Dd8 18. Lxf6 Txf6 19. Dxc4. Viele Spieler wären wahrscheinlich über Rubinsteins Gleichmut, mit dem er sein herrliches Läuferpaar aufgab, entsetzt. Aber man muß sich vor Augen führen, daß das Läuferpaar an sich keine Partie gewinnt; es muß dazu verwendet werden, einen greifbaren Vorteil herauszuarbeiten. In dieser Partie konnten sie am besten zum Abtausch verwendet werden, um Schwarz schwache Bauern aufzuhalsen und kein Gegenspiel zuzulassen. Nachdem Rubinstein die Art Endspiel erreicht hatte, die er wollte, wurde er seinem Ruf als Endspielzauberer gerecht.

16 Aljechin – Rubinstein **

Russische Meisterschaft, Wilna 1912
Spanisch

1.	e4	e5	14.	Sh2	Lg6
2.	Sf3	Sc6	15.	Lxg6	*
3.	Lb5	a6	16.	Sb3	g5
4.	La4	Sf6	17.	Le3	0-0
5.	0-0	Sxe4	18.	Sf3	Dd7
6.	d4	b5	19.	Dd2	Txf3
7.	Lb3	d5	20.	gxf3	Sxe5
8.	dxe5	Le6	21.	De2	Sg6
9.	c3	Le7	22.	Tf-e1	Ld6
10.	Sb-d2	Sc5	23.	f4	Sexf4
11.	Lc2	Lg4	24.	Df1	Sxh3+
12.	h3	Lh5	25.	Kh1	g4
13.	De1	Se6	26.	De2	Df5
			Weiß gibt auf		

* siehe Stellungsbild

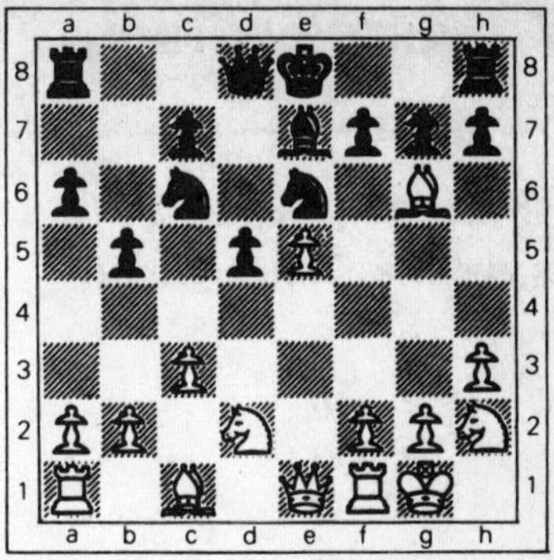

Stellung nach 15. Lxg6
Schwarz am Zug

Wir lernen mühsam Regel auf Regel, die unser Schachspiel leiten sollen, nur um dann zu erfahren, daß diese Regeln nicht immer zutreffen. Gewöhnlich ist es am besten, mit seinen Bauern in Richtung auf das Zentrum zurückzuschlagen. Die Partie Spasski–Fischer (Seite 112) zeigt, warum das so ist. Aber in dieser Partie demonstriert Rubinstein eine Ausnahme zu dieser Regel.
Der Schlüssel zum Verständnis des Diagramms ist der weiße Bauer e5. Er sieht mächtig aus, ist aber in Wirklichkeit potentiell schwach. Der Bauer liegt bereits unter dem Feuer des schwarzen Springers c6. Wie kann Schwarz den Druck auf ihn erhöhen? Weiß hat gerade 15. Lxg6 gespielt, und Schwarz muß entscheiden, mit welchem Bauern er zurückschlagen soll. Nach den vorstehenden Bemerkungen wird die Lösung den Leser nicht überraschen. Der natürliche Zug 15 . . . hxg6 ist nicht schlecht, trägt aber nichts dazu bei, den schwarzen Druck auf e5 zu erhöhen, und ist daher nicht der beste Zug.
Rubinstein spielte 15 . . . fxg6. Dies schwächt zwar e6, aber Weiß ist nicht in der Lage, das angesichts des dort sicher postierten schwarzen Springers auszunutzen. Wichtiger noch ist, daß der Zug 15 . . . fxg6 die f-Linie öffnet und so Schwarz in die Lage versetzt, . . . Tf5 zu spielen und den weißen e-Bauern zu bedrohen. Wenn Weiß versucht, sich dagegen mit f4 zu wehren, kann Schwarz den f-Bauern mit . . . g5 untergraben.
Die Partie wurde mit der stärksten Art, die f-Linie auszunutzen, fortgesetzt: 16. Sb3 g5 (zielt auf f4) 17. Le3 0-0 18. Sf3 (der Springer steht da ganz unglücklich, aber Weiß muß den e-Bauern irgendwie decken) 18 . . . Dd7 19. Dd2 Txf3. Das Opfer erinnert an verschiedene . . . Txc3-Opfer in der Sizilianischen Verteidigung. Nach 20. gxf3 Sxe5 konnte Schwarz bald gewinnen.

17 Nimzowitsch – Tarrasch ****

St. Petersburg 1914

Abgelehntes Damengambit

1.	d4	d5	17.	Dc2	Sxd2
2.	Sf3	c5	18.	Sxd2	*
3.	c4	e6	19.	exd4	Lxh2+
4.	e3	Sf6	20.	Kxh2	Dh4+
5.	Ld3	Sc6	21.	Kg1	Lxg2
6.	0-0	Ld6	22.	f3	Tf-e8
7.	b3	0-0	23.	Se4	Dh1+
8.	Lb2	b6	24.	Kf2	Lxf1
9.	Sb-d2	Lb7	25.	d5	f5
10.	Ta-c1	De7	26.	Dc3	Dg2+
11.	cxd5	exd5	27.	Ke3	Txe4+
12.	Sh4	g6	28.	fxe4	f4+
13.	Sh-f3	Ta-d8	29.	Kxf4	Tf8+
14.	dxc5	bxc5	30.	Ke5	Dh2+
15.	Lb5	Se4	31.	Ke6	Te8+
16.	Lxc6	Lxc6	32.	Kd7	Lb5 ‡

* siehe Stellungsbild

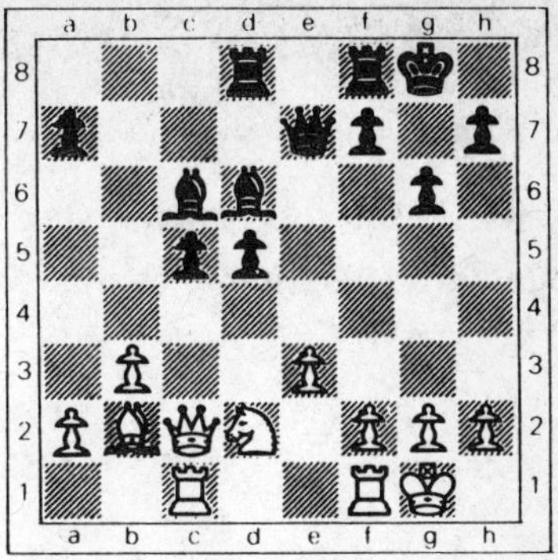

Stellung nach 18. Sxd2
Schwarz am Zug

Nimzowitsch und Tarrasch waren erbitterte ideologische Gegner. Nimzowitsch hielt Tarrasch für zu oberflächlich. Tarrasch betrachtete Nimzowitsch als zu abwegig. Tarrasch bemerkte einmal: «Herr Nimzowitsch geht seine eigenen Wege, die man aber dem allgemeinen Publikum nicht empfehlen kann». – Das Urteil der Nachwelt neigte zugunsten Nimzowitschs, aber in dieser Partie behielt Tarrasch die Oberhand.

Das Diagramm verdeutlicht den Stilunterschied der beiden Spieler. Beide waren wahrscheinlich mit ihren Stellungen zufrieden. Nimzowitsch wollte zweifelsohne den schwachen c-Bauern von Schwarz mit Zügen wie La3 belagern. Tarrasch vertraute darauf, daß sich keine Verteidiger in der Nähe des weißen Königs befanden.

Der plumpe Zug 18 . . . Dh4 erreicht wenig, nachdem 19. h3 damit droht, die Dame mit 20. Sf3 zurückzutreiben.

18 . . . Lxh2+ bewirkt weniger als nichts: z. B. nach 19. Kxh2 Dh4+ 20. Kg1 d4 21. e4.

Der normale Entwicklungszug 18 . . . Tf-e8 wäre ein schwerer Fehler; nach 19. Dc3 kosten die Drohungen über die lange Diagonale Schwarz einen Bauern, z. B. 19 . . . f6 20. Dxf6 oder 19 . . . Le5 20. Dxe5 Dxe5 21. Lxe5 Txe5 22. Txc5.

Tarrasch spielte 18 . . . d4, und Nimzowitsch griff mit 19. exd4 daneben. Korrekt wäre 19. e4 gewesen, mit ausgeglichenem Spiel. Tarrasch packte die Gelegenheit beim Schopf mit 19 . . . Lxh2+ 20. Kxh2 Dh4+ 21. Kg1 Lxg2. Sein zweites Läuferopfer entscheidet die Partie, denn 22. Kxg2 verliert gegen 22 . . . Dg4+ 23. Kh1 Td5 24. Dxc5 Th5+ 25. Dxh5 Dxh5+ 26. Kg1 Dg5+ und Gewinn des Springers d2. Nimzowitsch leistete noch etwas Widerstand mit 22. f3 Tf-e8 23. Se4, aber nach 23 . . . Dh1+ 24. Kf2 Lxf1 hat Schwarz seine Investitionen bereits mit Zinsen zurückerhalten, da 25. Txf1 wegen Dh2+ die Dame verliert.

18 Lasker – Capablanca ***

10. Partie um die Weltmeisterschaft 1921
Abgelehntes Damengambit

1.	d4	d5	24.	Txd5	cxd5	47.	Se2	Sf5+
2.	c4	e6	25.	Dd2	Sf5	48.	Kf2	g5
3.	Sc3	Sf6	26.	b3	h5	49.	g4	Sd6
4.	Lg5	Le7	27.	h3	h4	50.	Sg1	Se4+
5.	e3	0-0	28.	Dd3	Tc6	51.	Kf1	Tb1+
6.	Sf3	Sb-d7	29.	Kf1	g6	52.	Kg2	Tb2+
7.	Dc2	c5	30.	Db1	Db4	53.	Kf1	Tf2+
8.	Td1	Da5	31.	Kg1	*	54.	Ke1	Ta2
9.	Ld3	h6	32.	Db2	a4	55.	Kf1	Kg7
10.	Lh4	cxd4	33.	Dd2	Dxd2	56.	Te3	Kg6
11.	exd4	dxc4	34.	Txd2	axb3	57.	Td3	f6
12.	Lxc4	Sb6	35.	axb3	Tb6	58.	Te3	Kf7
13.	Lb3	Ld7	36.	Td3	Ta6	59.	Td3	Ke7
14.	0-0	Ta-c8	37.	g4	hxg4 e. p.	60.	Te3	Kd6
15.	Se5	Lb5	38.	fxg3	Ta2	61.	Td3	Tf2+
16.	Tf-e1	Sb-d5	39.	Sc3	Tc2	62.	Ke1	Tg2
17.	Lxd5	Sxd5	40.	Sd1	Se7	63.	Kf1	Ta2
18.	Lxe7	Sxe7	41.	Se3	Tc1+	64.	Te3	e5
19.	Db3	Lc6	42.	Kf2	Sc6	65.	Td3	exd4
20.	Sxc6	bxc6	43.	Sd1	Tb1	66.	Txd4	Kc5
21.	Te5	Db6	44.	Ke2	Txb3	67.	Td1	d4
22.	Dc2	Tf-d8	45.	Ke3	Tb4	68.	Tc1+	Kd5
23.	Se2	Td5	46.	Sc3	Se7	Weiß gibt auf		

* siehe Stellungsbild

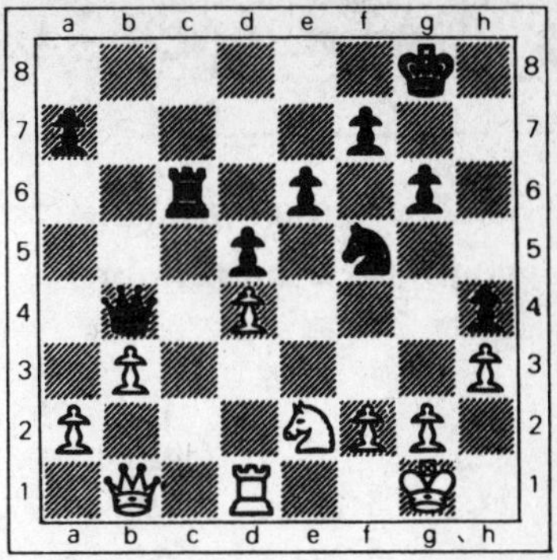

Stellung nach 31. Kg1
Schwarz am Zug

Nach vielen Jahren als mutmaßlicher Erbe übernahm Capablanca schließlich im Jahr 1921 die Krone des Schachweltmeisters, als er Lasker 4 : 0 bei zehn Remispartien schlug. Der Wettkampf war ein wenig enttäuschend, da Lasker nicht in bester Form spielte, aber er gab Capablanca Gelegenheit, seine unerbittliche Technik zu zeigen, für die er zu Recht berühmt war. Das Diagramm zeigt eine typische Capablanca-Stellung. Es geschieht nichts Aufregendes, aber es ist klar, daß Capablanca einen beunruhigenden Vorteil hat. Dieser Vorteil beruht auf zwei Faktoren:

(1) Dame, Turm und Springer von Schwarz sind aggressiver plaziert als ihre weißen Gegenstücke. Besonders der Springer f5 hat einen ausgezeichneten Posten bezogen, von dem er nicht leicht vertrieben werden kann, da der Zug g4 den weißen Königsflügel ernsthaft schwächen würde.

(2) Schwarz erfreut sich der überlegeneren Bauernstellung, da er zwei «Bauerninseln» hat, während Schwarz deren drei besitzt. Der weiße Bauer d4 stellt eine besondere Schwäche dar, und wenn dieser Bauer nur auf e3 stünde, könnte Weiß auf ein Remis vertrauen.

Schwarz hat keine Möglichkeit, direkt Material zu gewinnen, also muß er einen Weg finden, den Druck auf die weiße Stellung so lange zu erhöhen, bis sie Sprünge zeigt. Eine Idee ist 31 . . . Db6 mit dem Plan, über die c-Linie mit 32 . . . Dc7 und 33 . . . Tc2 einzudringen. Weiß könnte dem auf der c-Linie nicht mit 32. Tc1 entgegentreten, da 32 . . . Txc1 Weiß zwingen würde, die Deckung des d-Bauern aufzugeben. Weiß könnte allerdings schlicht 32. Dd3 und auf 32 . . . Dc7 33. Td2 spielen, wonach Schwarz nur schwer Fortschritte machen kann.

Capablanca wählte 31 . . . a5. Das Ziel dieses Zuges ist, auf dem Damenflügel ein paar Bauern abzutauschen und Weiß einen Isolani zu verschaffen. Nach 32. Db2 a4 33. Dd2 Dxd2 34. Txd2 axb3 35. axb3 hat Capablanca sein Ziel erreicht. Weiß war langfristig in der Lage, beide schwachen Bauern zu verteidigen.

19 Capablanca – Lasker ***

11. Partie um die Weltmeisterschaft 1921
Abgelehntes Damengambit

1.	d4	d5	17.	Db3	Te-c7	33.	Se4	Dd8
2.	Sf3	e6	18.	a4	Sg6	34.	h4	Tc7
3.	c4	Sf6	19.	a5	Sd7	35.	Db3	Tg7
4.	Lg5	Sb-d7	20.	e5	b6	36.	g3	Ta7
5.	e3	Le7	21.	Se4	Tb8	37.	Lc4	Ta5
6.	Sc3	0-0	22.	Dc3	Sf4	38.	Sc3	Sxc3
7.	Tc1	Te8	23.	Sd6	Sd5	39.	Dxc3	Kf7
8.	Dc2	c6	24.	Da3	f6	40.	De3	Dd6
9.	Ld3	dxc4	25.	Sxe8	Dxe8	41.	De4	Ta4
10.	Lxc4	Sd5	26.	exf6	gxf6	42.	Db7+	Kg6
11.	Lxe7	Txe7	27.	*	Tb-c8	43.	Dc8	Db4
12.	0-0	Sf8	28.	bxc6	Txc6	44.	Tc1	De7
13.	Tf-d1	Ld7	29.	Txc6	Txc6	45.	Ld3+	Kh6
14.	e4	Sh6	30.	axb6	axb6	46.	Tc7	Ta1+
15.	Lf1	Tc8	31.	Te1	Dc8	47.	Kg2	Dd6
16.	b4	Le8	32.	Sd2	Sf8	48.	Dxf8+	Schwarz gibt auf

* siehe Stellungsbild

Stellung nach 26 . . . gxf6
Weiß am Zug

Dieses Diagramm bildet ein interessantes Gegenstück zum vorherigen Stellungsbild. Es stammt aus der folgenden Partie des Weltmeisterschaftskampfes von 1921, und gegen Ende dieser Partie muß Lasker ein peinigendes Wiederholungsgefühl gehabt haben.
Ganz offensichtlich ist der Königsflügel von Schwarz schwach. Die meisten Spieler wären als Weiß versucht, sofort einen Angriff auf den Königsflügel durch 27. Te1, gefolgt von Zügen wie Te4, Tc-e1 und Ld3 oder Dd3 einzuleiten. Capablanca allerdings gewann einen tieferen Einblick in die Stellung. Er erfaßte, daß der schwarze Königsflügel unheilbar krank war und daß er sich mit der Ausnutzung dieser Schwäche nicht zu beeilen brauchte. Weiß hatte Zeit genug, auch auf dem Damenflügel seine Überlegenheit zu zementieren.
Der naheliegende Zug 27. Te1 wäre in Wirklichkeit sogar ein Fehler, denn Schwarz kann mit der Antwort 27 . . . De7 die Deckung des e-Bauern aufrechterhalten und gleichzeitig den weißen b-Bauern angreifen. Schwarz hätte dann die Drohung 28 . . . Sxb4 und 28 . . . bxa4. 28. bxa4 würde die Lage nur noch verschlimmern, da Schwarz mit 28 . . . Txb6 seinen Turm aktivieren könnte.
Capablanca spielte den ruhigen Zug 27. b5. Nach Laskers Antwort 27 . . . Tb-c8 (27 . . . c5 28. dxc5 Sxc5 29. Lc4 ist für Schwarz auch nicht besser) 28. bxc6 Txc6 29. Txc6 Txc6 30. axb6 wird die Ähnlichkeit dieser Stellung mit der aus der letzten Partie offensichtlich. Schwarz ist mit einem schwachen b-Bauern geschlagen, und Weiß besitzt immer noch das Übergewicht auf dem Königsflügel. Beachte, daß Weiß im weiteren Verlauf der Partie den b-Bauern nicht gewinnt. Aber die Tatsache, daß Schwarz ein Auge auf ihm halten muß, macht es Lasker um so schwieriger (und schließlich unmöglich), sich auf dem Königsflügel zu verteidigen.
Das Spiel aus diesen beiden Stellungen verdeutlicht den sogenannten «Minderheitsangriff» – eine Spielweise, bei der eine Bauernminderheit die Mehrheit angreift und nach dem Abtausch einen der Mehrheitsbauern isoliert und schwach übrigläßt.

20 Capablanca – Janowski **

New York 1924

Réti-Eröffnung

1.	Sf3	d5	24.	Ta5	Ld7
2.	g3	c5	25.	Sb6	Lc6
3.	Lg2	Sc6	26.	Dc4	Sa7
4.	0-0	e5	27.	Sd5	Lxd5
5.	c4	d4	28.	Dxd5	f5
6.	d3	Ld6	29.	Df3	Df6
7.	e3	Sg-e7	30.	h5	Se7
8.	exd4	cxd4	31.	g4	f4
9.	a3	a5	32.	De4	Se-c6
10.	Sb-d2	Sg6	33.	T5-a1	Tc-e7
11.	Te1	0-0	34.	Dg6	Df8
12.	Dc2	Te8	35.	Sf3	Te6
13.	b3	h6	36.	Sh4	Tf6
14.	Tb1	Le6	37.	Le4	Dg8
15.	h4	Ta-c8	38.	Ld5	Se7
16.	*	Lb8	39.	Dxf6	gxf6
17.	Sc4	f6	40.	Lxg8	Txg8
18.	Ld2	Kh8	41.	f3	f5
19.	b4	axb4	42.	Lxf4	Se-c6
20.	axb4	Sa7	43.	Sg6+	Kh7
21.	Dc1	Sb5	44.	Lxe5	Sxe5
22.	Sh2	De7	45.	Sxe5	Lxe5
23.	Ta1	Tc7	46.	Txe5	Schwarz gibt auf

* siehe Stellungsbild

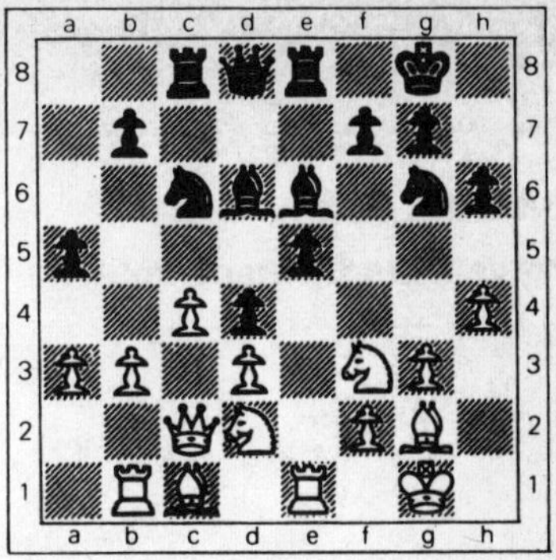

Stellung nach 15 . . . Ta-c8
Weiß am Zug

Janowski war ein angriffslustiger Haudegen der alten Schule. Aber am Ende seiner Laufbahn fand er sich ein wenig überfordert, als er mit den neuen hypermodernen Ideen konfrontiert wurde. Nach Janowskis Prinzipien sollte die obige Stellung günstig für Schwarz sein. Er ist besser entwickelt, seine Bauern besetzen das Zentrum und die weiße Stellung ist ziemlich gedrückt. Aber Janowski merkte nicht, daß die schwarze Stellung unbeweglich ist, während die von Weiß dynamische Möglichkeiten hat. Das strategische Ziel von Schwarz sollte darin bestehen, den Vorstoß . . . e4 durchzusetzen, aber seine Figuren sind dafür nicht gut genug plaziert. Die besten Aussichten für Weiß liegen auf dem Damenflügel, und er hat seine Figuren für eine Aktion auf dieser Seite harmonisch aufgestellt.

16. h5 sieht aggressiv aus, würde aber nur den schwarzen Springer auf ein besseres Feld treiben. Nach 16 . . . Sf8 kann Schwarz nicht nur mit 17 . . . Lg4 und 18 . . . Lxh5, sondern auch mit 17 . . . b6 gefolgt von 18 . . . Sd7 und 19 . . . Sc5 drohen.

16. Se4 würde den Springer auf ein exponiertes Feld setzen. Nach 16 . . . Le7 droht Schwarz mit 17 . . . f5 und Tempogewinn. Capablanca spielte 16. c5. Die taktische Rechtfertigung für diesen Zug besteht darin, daß Weiß nach 16 . . . Lxc5 17. Dxc5 Sb4 18. axb4 Txc5 19. bxc5 mehr als genug Ausgleich für seine Dame erhält. Nach 16 . . . Lb8 17. Sc4 f6 18. Ld2 Kh8 19. b4 axb6 20. axb6 ist die Stellung verwandelt. Die weiße Stellung ist zum Leben erwacht, und Schwarz ist in die Defensive getrieben worden. Capablanca nützte seinen Vorteil gebührend aus.

21 Aljechin – Lasker ***

New York 1924

Abgelehntes Damengambit

1.	d4	d5	19.	g4	Lf7
2.	c4	e6	20.	bxc6	Tc8
3.	Sf3	Sf6	21.	Db2	bxc6
4.	Sc3	Sb-d7	22.	f5	Dd6
5.	cxd5	exd5	23.	Sg2	Lc7
6.	Lf4	c6	24.	Tf-e1	h5
7.	e3	Sh5	25.	h3	Sh7
8.	Ld3	Sxf4	26.	Txe8+	Txe8
9.	exf4	Ld6	27.	Te1	Tb8
10.	g3	0-0	28.	Dc1	Sg5
11.	0-0	Te8	29.	Se5	fxe5
12.	Dc2	Sf8	30.	Dxg5	e4
13.	Sd1	f6	31.	f6	g6
14.	Se3	Le6	32.	f4	hxg4
15.	Sh4	Lc7	33.	Le2	gxh3
16.	b4	Lb6	34.	Lh5	Tb2
17.	Sf3	Lf7	35.	Sh4	Dxf4
18.	b5	*	36.	Dxf4	Lxf4
			Weiß gibt auf		

*siehe Stellungsbild

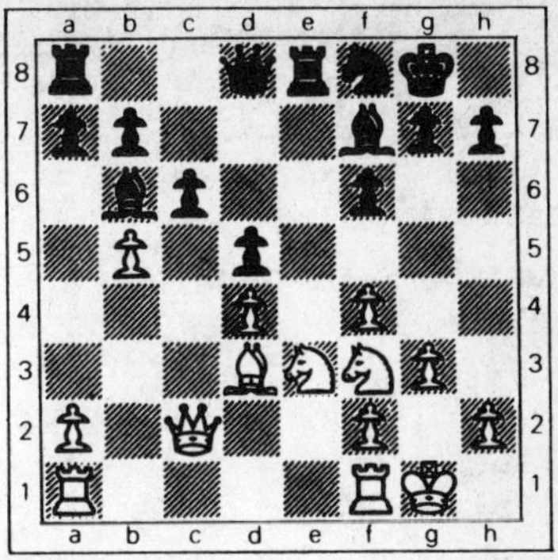

Stellung nach 18. b5
Schwarz am Zug

Starke Spieler schwächen ihre Stellungen nicht freiwillig. Man muß sie dazu zwingen. Hier sieht man, wie Lasker das zuwege brachte.
In dem Diagramm hat Lasker seinen Gegner an die Wand gespielt. Er besitzt das Läuferpaar, und der weiße d-Bauer ist schwach. Weiß hat eben übereifrig 18. b5 gespielt und einen starken Gegenzug von Schwarz übersehen. 18 . . . cxb5 erlaubt 19. Lxb5, gefolgt von 20. Tf-d1 mit zusätzlicher Unterstützung des schwachen d-Bauern. Schwarz stünde immer noch besser, hätte aber im Moment keinen entscheidenden Vorteil.
Ähnlich läßt 18 . . . Tc8 19. bxc5 Txc6 20. Db2 Schwarz den Vorteil, gibt aber keine sofortige Gewinnmöglichkeit. Der unverblümte Angriff 18 . . . Se6 verliert wegen 19. Lxh7+ einen Bauern.
Lasker spielte 18 . . . Lh5. Wenn Weiß jetzt den Springer nach f3 zieht, gewinnt 19 . . . Lxd4 einen Bauern. Der d-Bauer fällt auch nach 19. Le2 Lxf3 20. Lxf3 Lxd4, also spielte Weiß 19. g4, der einzige Zug, mit dem er den Verlust des d-Bauern verhindern konnte. Lasker zog den Läufer ruhig zurück 19 . . . Lf7, und es sieht so aus, als habe er zwei Züge verschwendet, nur um den schwächenden Zug 19. g4 zu veranlassen; aber der Tempoverlust hat sich wahrlich gelohnt. Weiß kann das Geschenk der beiden Züge in keiner Weise verwerten. Darüberhinaus bleibt ihm ein unverbesserbar schwacher Königsflügel.
Die Partie wurde fortgesetzt mit 20. bxc6 Tc8 21. Db2 bxc6 22. f5 (sonst spielt Schwarz 22 . . . Se6) 22 . . . Dd6 23. Sg2 Lc7 24. Tf-e1 h5!, und der schwankende weiße Königsflügel brach bald zusammen.

22 Rubinstein – Lasker **

Moskau 1925

Slawische Verteidigung

1.	d4	d5	20.	Kg2	Tf-d8	39.	Kc4	Ke7
2.	c4	c6	21.	Txc8	Txc8	40.	Se5	Lxe5
3.	e3	Sf6	22.	Tc1	Txc1	41.	dxe5	Kd7
4.	Sc3	e6	23.	Lxc1	h6	42.	Ld2	h5
5.	Sf3	Sb-d7	24.	Lb2	Sb6	43.	Lc1	Kc6
6.	Ld3	dxc4	25.	h3	Dc8	44.	La3	Sb6+
7.	Lxc4	b5	26.	Dd3	Sd5	45.	Kd4	Kb5
8.	Le2	a6	27.	a3	Sb6	46.	Lf8	Sc4
9.	0-0	Lb7	28.	Kh2	Ld5	47.	Kc3	g6
10.	b3	Le7	29.	Kg2	Dc6	48.	f4	Se3
11.	Lb2	0-0	30.	Sd2	a5	49.	Kd3	Sd5
12.	Se5	c5	31.	Dc3	*	50.	La3	h4
13.	Lf3	Dc7	32.	Sxf3	Dxc3	51.	gxh4	Sxf4+
14.	Sxd7	Sxd7	33.	Lxc3	a4	52.	Ke4	Sh5
15.	Se4	Ta-d8	34.	bxa4	bxa4	53.	Kf3	Kc4
16.	Tc1	Db8	35.	Kf1	Lxa3	54.	Lb2	Kb3
17.	De2	cxd4	36.	Ke2	Kf8	55.	La1	a3
18.	exd4	Tc8	37.	Kd3	Sd5	56.	Kg4	Kc2
19.	g3	Da8	38.	Le1	Ld6	57.	Kg5	Kd3

Weiß gibt auf

* siehe Stellungsbild

Es war lange Zeit allgemein bekannt, daß man im Endspiel mehr als in jedem anderen Abschnitt der Partie den Unterschied zwischen guten und schlechten Spielern erkennen konnte. In neuerer Zeit haben die Endspiele die Aufgabe übernommen, Menschen von den Maschinen zu trennen. Trotz der großen Fortschritte des Computerschachs spielen diese komplizierten Blechhaufen Endspiele immer noch ausgesprochen schlecht. Eines der Probleme, das man einer Maschine nur schwer erklären kann, ist, wie man ein Endspiel erkennt. Und wenn die Maschine nicht weiß, daß ein Endspiel erreicht ist, kann sie auch keine Prinzipien anwenden, die sich auf Endspiele beziehen, wie zum Beispiel, daß der König aktiv eingesetzt und nicht sicher in einer Ecke versteckt werden sollte.

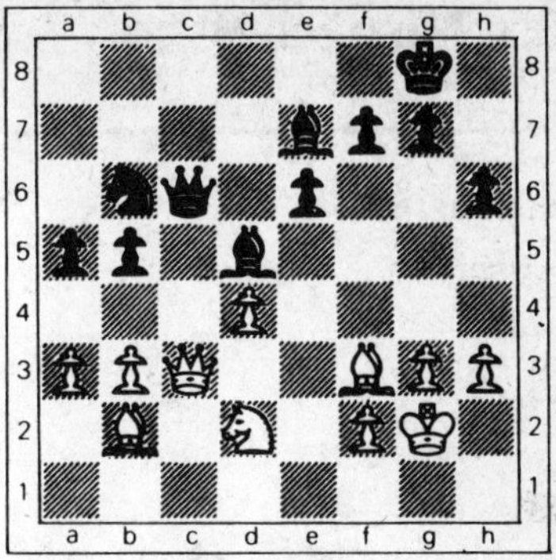

Stellung nach 31. Dc3
Schwarz am Zug

Das Diagramm liefert ein Beispiel für eine Stellung, die einen normalen menschlichen Schachspieler vor keine großen Probleme stellt (abgesehen davon, daß der Virtuose des Endspiels, Emanuel Lasker, die schwarzen Steine führte). Aber ich würde schon gerne wissen, wie viele Computer diese Stellung korrekt gespielt hätten.
Schwarz hat einen beträchtlichen Vorteil, der auf der besseren Beweglichkeit seines schwarzfeldrigen Läufers, dem befestigten Punkt d5 und der Schwäche der weißen Damenflügelbauern beruht. Wie können diese Vorteile in einen Sieg umgemünzt werden?
31 . . . Dxc3 32. Lxc3 Lxa3 33. Lxa5 bringt Schwarz eindeutig nichts ein. Wenn Schwarz statt 32 . . . Lxa3 versucht, 32 . . . Lxf3+ in der Hoffnung auf 33. Sxf3 und Überleitung in die im nächsten Abschnitt gezeigte Variante zu spielen, kann Weiß 33. Kxf3 ziehen und den König entsprechend den Endspielprinzipien zentralisieren. Ob einem Computer die Bedeutung dieses Unterschiedes aufgefallen wäre?
Lasker spielte sofort 31 . . . Lxf3+. Jetzt ist 32. Kxf3 natürlich nicht möglich, und auf 32. Dxf3 folgt 32 . . . Sd5 (32 . . . Dc2 geht wegen 33. Dc3 nicht sofort), wonach Weiß den entscheidenden Einbruch der schwarzen Dame auf c2 nicht mehr verhindern kann, da nach 33. De4 die Dame mit 33 . . . f5 nach f3 zurückgetrieben werden kann. Nach dem erzwungenen Zurückschlagen 32. Sxf3 wurde die Partie so fortgesetzt: 32 . . . Dxc3 33. Lxc3 a4 34. bxa4 (34. b4 Sc4) 34 . . . bxa4, und Weiß konnte seinen a-Bauern nicht mehr halten. Der Mehrbauer reichte Schwarz zum sicheren Sieg.

23 Nimzowitsch – Rubinstein *****

Dresden 1926
Englisch

1.	c4	c5	19.	Sf2	Ta-e8
2.	Sf3	Sf6	20.	Tf-e1	Txe2
3.	Sc3	d5	21.	Txe2	Sd8
4.	cxd5	Sxd5	22.	Sh3	Lc6
5.	e4	Sb4	23.	Dh5	g6
6.	Lc4	e6	24.	Dh4	Kg7
7.	0-0	S8-c6	25.	Df2	Lc5
8.	d3	Sd4	26.	b4	Lb6
9.	Sxd4	cxd4	27.	Dh4	Te8
10.	Se2	a6	28.	Te5	Sf7
11.	Sg3	Ld6	29.	Lxf7	Dxf7
12.	f4	0-0	30.	Sg5	Dg8
13.	Df3	Kh8	31.	Txe8	Lxe8
14.	Ld2	f5	32.	De1	Lc6
15.	Ta-e1	Sc6	33.	De7+	Kh8
16.	Te2	Dc7	34.	b5	Dg7
17.	exf5	exf5	35.	Dxg7+	Kxg7
18.	*	Ld7	36.	bxc6	Schwarz gibt auf

* siehe Stellungsbild

In dieser Stellung erfreut sich Weiß zweier offensichtlicher Vorteile. Der eine ist der herrlich aktive Läufer c4, der den schwarzen König bereits in die Ecke getrieben hat und der weder durch ... Sa5 noch durch ... b5 von der langen Diagonale a2-g8 vertrieben werden kann. Der andere Vorteil für Weiß ist seine beginnende Kontrolle der e-Linie. Weiß muß sich jetzt überlegen, wie er seinen Vorteil vergrößern kann.

Stellung nach 17 ... exf5
Weiß am Zug

18. Tf-e1 ist ein guter Zug, welcher zweifellos in der Zukunft Nutzen bringt, im Augenblick aber weder notwendig noch angebracht ist, da 18 ... Ld7 alle Eintrittsfelder der e-Linie kontrollieren würde. Auch 18. Dh5 ist nicht schlecht, aber wieder wendet 18 ... Ld7 alle sofortigen Gefahren ab, und es ist nicht klar, ob Weiß direkte Vorteile aus der aggressiven Stellung seiner Dame ziehen kann.
Nimzowitsch sah deutlich, daß der Springer g3 als einzige Figur noch keinen Beitrag zu seinen Angriffsanstrengungen leistete. Wieviel tödlicher könnte diese Figur sein, wenn es ihr gelänge, g5 zu erreichen. Dann enthielte Dg5 eine wirkliche Drohung, während der Springer mit dem Läufer c4 herrlich zusammenarbeiten könnte.
Dementsprechend beschloß er, den Springer mit 18. Sh1 zum Leben zu erwecken durch das Manöver Sh1-f2-h3-g5. Die Partie wurde fortgesetzt mit 18 ... Ld7 19. Sf2 Ta-e8 20. Tf-e1 (erst jetzt, als die Kontrolle der e-Linie bedroht ist, verdoppelt Weiß seine Türme) 20 ... Txe2 21. Txe2 Sd8 (oder 21 ... Te8 22. Dd5, und die schwarze Schwäche auf der Diagonalen a2-g8 wird aufgedeckt) 22. Sh3 Lc6 (und an dieser Stelle ist in der Stellung eine Variante versteckt, die die volle Tiefe der weißen Angriffsidee enthüllt: 22 ... Te8 23. Dh5 Txe2 24. Sg5 h6 25. Dg6 hxg5 26. Dh5 matt) 23. Dh5 g6 24. Dh4 Kg7 25. Df2, und Weiß machte langsam Fortschritte bei seinem Plan, die schwarze Verteidigung um den schwarzen König zu unterminieren.
Dieser bemerkenswerte Rückzug des Springers auf das unscheinbarste Feld der Grundreihe lädt zu einem Vergleich mit der Partie Kortschnoj–Fischer auf Seite 108 ein.

24 Nimzowitsch – Marshall ****

New York 1927
Moderne Benoni

1.	c4	Sf6	16.	Dxd3	f5
2.	d4	e6	17.	exf5	Txf5
3.	Sf3	c5	18.	f4	Ld4+
4.	d5	d6	19.	Le3	Lxc3
5.	Sc3	exd5	20.	Dxc3	Sf6
6.	cxd5	g6	21.	Db3	Txd5
7.	Sd2	Sb-d7	22.	*	gxf5
8.	Sc4	Sb6	23.	Lg5	Td4
9.	e4	Lg7	24.	Sb6+	c4
10.	Se3	0-0	25.	Dc3	axb6
11.	Ld3	Sh5	26.	Dxd4	Kg7
12.	0-0	Le5	27.	Ta-e1	bxa5
13.	a4	Sf4	28.	Te8	Dxe8
14.	a5	Sd7	29.	Dxf6+	Kg8
15.	Sc4	Sxd3	30.	Lh6	Schwarz gibt auf

* siehe Stellungsbild

Stellung nach 21 . . . Txd5
Weiß am Zug

Schwarz hat gerade mit 21 . . . Txd5 einen weißen Bauern verspeist. Es ist klar, daß Weiß versuchen muß, die verborgene Fesselung auf der Diagonalen a2-g8 auszunutzen. Aber wie? Die «Kombination» 22. Ta-d1 Txd1 23. Sxd6+ (in der Absicht, Königszüge mit 24. Txd1 zu kontern) zerfällt nach 23 . . . Td5 in ihre Bestandteile.
22. Lf2, um das Feld für den e3-Springer freizumachen, kann leicht durch 22 . . . Kg7 und der Auflösung der verborgenen Fessel begegnet werden.
Nimzowitsch löste das Problem mit einem zweiten Bauernopfer:
22. f5, um seinen Läufer zu aktivieren. Schwarz hätte das Opfer mit 22 . . . Kg7 ablehnen sollen, auch wenn Weiß durch eine Wiederholung des Opferangebots nach 23. Lg5 einen starken Angriff erhalten hätte. Nach 22. f5 spielte Schwarz 22 . . . gxf5. 22 . . . Lxf5 stellt eine Verbesserung dar angesichts 23. Lg5 Td3 24. Dxb7, wonach 24 . . . Tb8 gegen 25. Lxf6 verliert. Nach 22 . . . gxf5 23. Lg5 verliert der natürliche Zug 23 . . . Le6 gegen 24. Dxb7 Tc8 25. Ta-e1, da der Läufer e6 die Deckung des einen schwarzen Turms aufgeben muß, wonach Lxf6 den anderen Turm gewinnt.
Schwarz entschied sich, mit 23 . . . Td4 24. Sb6+ c4 25. Dc3 axb6 26. Dxd4 die Qualität herzugeben, aber das schaffte nur vorübergehende Erleichterung. Nimzowitsch gewann schnörkellos nach 26 . . . Kg7 27. Ta-e1 bxa5 28. Te8 Dxe8 29. Dxf6+ Kg8 30. Lh6.
Nimzowitsch war keineswegs begeistert, als er für diese Partie nur den dritten Schönheitspreis gewann. In seinem Kommentar zu der Partie schreibt er, die Kampfrichter hätten vielleicht die Variante 23 . . . Le6 24. Dxb7 Tc8 25. Ta-e1! übersehen, und seinen eigenen Zug 28. Te8 kommentiert er säuerlich wie folgt: «Ziemlich grob, aber leicht verständlich . . . solche Züge schätzen Kampfrichter am meisten, während sie mit geschlossenen Augen an den originelleren Punkten blind vorbeigreifen.»

25 Aljechin – Capablanca ***

32. Wettkampfpartie 1927
Abgelehntes Damengambit

1.	d4	d5	22.	Dxd5	cxd5	43.	Kg2	Tf2+
2.	c4	e6	23.	Kg2	Tc2	44.	Kh3	Tf3+
3.	Sc3	Sf6	24.	Th-c1	Tf-c8	45.	Kg2	Tf2+
4.	Lg5	Sb-d7	25.	Txc2	Txc2	46.	Kg1	Tc2
5.	e3	c6	26.	Tb1	Kh7	47.	Lb6	Tc4
6.	cxd5	exd5	27.	Kg3	Kg6	48.	Kg2	g6
7.	Ld3	Le7	28.	f3	f6	49.	Te5+	Kd7
8.	Sg-e2	0-0	29.	gxf6	Lxf6	50.	h5	gxh5
9.	Sg3	Se8	30.	a4	Kf5	51.	Kf3	h4
10.	h4	Sd-f6	31.	a5	Te2	52.	Th5	Tc3+
11.	Dc2	Le6	32.	Tc1	Txb2	53.	Kg4	Tc4
12.	Sf5	Lxf5	33.	Tc5	Ke6	54.	Kf5	Lxa5
13.	Lxf5	Sd6	34.	e4	Lxd4	55.	Th7+	Kc6
14.	Ld3	h6	35.	Txd5	Lc3	56.	Lxa5	Tc5+
15.	Lf4	Tc8	36.	Txh5	a6	57.	Ke6	Txa5
16.	*	Sf-e4	37.	Lc7	Le1+	58.	f5	Ta3
17.	g5	h5	38.	Kg4	Tg2+	59.	f6	Tf3
18.	Lxe4	Sxe4	39.	Kh3	Tf2	60.	f7	b5
19.	Sxe4	dxe4	40.	Kg4	Tg2+	61.	Th5	h3
20.	Dxe4	Da5+	41.	Kh3	Tf2	62.	Tf5	Txf5
21.	Kf1	Dd5	42.	f4	Tf3+	63.	exf5	Schwarz gibt auf

* siehe Stellungsbild

Aljechin wird allgemein als einer der großen Schachweltmeister anerkannt – einige behaupten, er sei der größte gewesen. Aber heutzutage haben die meisten Menschen vergessen, daß sein Titelgewinn über Capablanca im Jahre 1927 die Schachwelt überraschte. In den zwanziger Jahren hatte Capablanca in größeren Turnieren Aljechin ständig geschlagen. Da Aljechin nur drei Jahre jünger war als Capablanca, lief er Gefahr, zum ewigen Anwärter zu werden. Hier ist eine der Partien, in denen er zeigte, daß er sich mit dieser Rolle nicht zufriedengeben wollte. Die Stellung entstand aus dem abgelehnten Damengambit – was kaum überraschen kann, da nur zwei der 34 Partien des Weltmeisterschaftskampfes von 1927 nicht mit dieser Eröffnung begannen. Beide Seiten haben ihre Figuren vollständig entwickelt, nur der weiße König steht näher zum Zentrum. Die meisten Spieler würden sich jetzt überlegen, nach welcher Seite Weiß rochieren sollte.

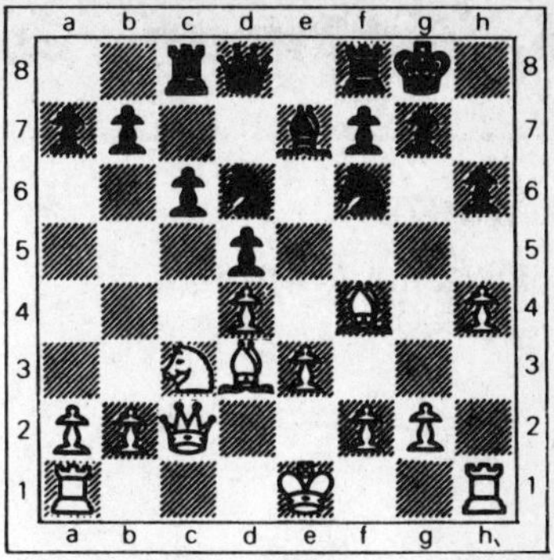

Stellung nach 15 . . . Tc8
Weiß am Zug

16. 0-0 ist unlogisch, da Weiß seinen Königsflügel durch 10. h4 geschwächt hat. Darüber leidet der Zug an dem taktischen Nachteil, daß 16 . . . Sh5 mit der Drohung 17 . . . Lxh4 und 17 . . . Sxh4 Weiß zu dem ungünstigen Abtausch 17. Lxd6 zwingen würde.
16. 0-0-0 zur Vorbereitung eines Angriffs auf dem Königsflügel scheint natürlicher zu sein. Aber es würde Schwarz dazu einladen, selbst einen Angriff auf dem Damenflügel einzuleiten, zum Beispiel mit 16 . . . c5 zur Öffnung der Linien auf den weißen König. Schwarz hätte dann mindestens einen ebenso gefährlichen Angriff wie Weiß.
Aljechin urteilte zu Recht, daß sein König im Moment im Zentrum am besten aufgehoben war, und begann mit 16. g4 sofortige Operationen auf dem Königsflügel. Der Bauer darf nicht geschlagen werden, da Weiß nach 16 . . . Sxg4 17. Lxd6 Lxd6 18. Lf5 die Qualität gewinnt. Angesichts der Drohung, sich durch 17. g5 den Königsflügel aufreißen zu lassen, spielte Capablanca 16 . . . Sf-e4 und konnte 17. g5 mit 17 . . . h5 beantworten und so seinen Königsflügel geschlossen halten. Aber – die Sicherheit seines Königs kostete ihren Preis. Aljechin gewann mit 18. Lxe4 Sxe4 19. Sxe4 dxe4 20. Dxe4 einen Bauern. Das sich daraus ergebende Endspiel war nicht einfach zu gewinnen, aber nach 63 Zügen zeigte sich Aljechin dieser Aufgabe gewachsen.

26 Rubinstein – Capablanca ***

Berlin 1928

Damenbauereröffnung

1.	d4	Sf6	17.	Lxf6	Lxf6
2.	Sf3	e6	18.	Lxh7+	Kxh7
3.	e3	c5	19.	Txd7	Kg8
4.	Sb-d2	d5	20.	h4	Dxa3
5.	a3	Sb-d7	21.	Sg5	Lxg5
6.	dxc5	Lxc5	22.	hxg5	Dxb4
7.	b4	Le7	23.	Df3	Df8
8.	Lb2	0-0	24.	Txb7	*
9.	c4	dxc4	25.	Td1	a4
10.	Sxc4	Sb6	26.	Td-d7	a3
11.	Sxb6	Dxb6	27.	Txf7	a2
12.	Ld3	Ld7	28.	Txg7+	Dxg7
13.	Ld4	Dc6	29.	Txg7+	Kxg7
14.	0-0	Dd5	30.	Df6+	Kg8
15.	De2	Tf-c8	31.	Dg6+	Kf8
16.	Ta-d1	Db3	32.	Df6+	
				Remis	

* siehe Stellungsbild

Stellung nach 24. Txb7
Schwarz am Zug

Menschen sind von Natur aus aggressiv – behaupten einige. Sicherlich trifft zu, daß es den meisten Schachspielern leichter fällt anzugreifen als zu verteidigen.
Ein Fehler, in den Verteidiger häufig verfallen, ist, in Panik zu geraten. Statt die Drohungen ihres Gegners objektiv zu beurteilen, machen sie Sicherheitszüge und oft unnötige Zugeständnisse.
Im Diagramm ist das Material ausgeglichen, aber Weiß scheint einen klaren Vorteil zu haben. Der einzige Aktivposten von Schwarz, der Freibauer auf der a-Linie, steht noch unbedrohlich auf seinem Ausgangsfeld, während Weiß einen gefährlichen Druck gegen den schwarzen f-Bauern aufgebaut hat. Weiß steht die scheinbar mörderische Drohung 25. Td1, gefolgt von 26. Td-d7 und 27. Txf7, zur Verfügung. Wenn Schwarz versucht, dem mit 24 . . . Td8 zuvorzukommen, erneuert Weiß die Drohung der Turmverdoppelung auf der siebten Reihe mit 25. Tc1. Schwarz kann den Turm dann nur noch durch 26 . . . Tc-d8 und Aufgabe des a-Bauern aus seiner Stellung fernhalten: 27. Txc8 Txc8 28. Txa7. Das folgende Endspiel wäre sicher nicht einfach für Weiß, da alle Bauern auf demselben Flügel stehen, aber am Ende könnte er gewinnen.
Statt des Panikzuges 24 . . . Td8 traf Capablanca die kühle Wahl 24 . . . a5. Nach 25. Td1 a4 26. Td-d7 a3 27. Txf7 a2 wurde deutlich, daß die weißen Drohungen gar nicht so schrecklich waren. Auf 28. Txf8+ folgt 28 . . . Txf8, und der schwarze a-Bauer entscheidet den Tag. Weiß gab sich daher mit einem Remis durch ewiges Schach zufrieden: 28. Txg7+ Dxg7 29. Txg7+ Kxg7 30. Df6+ Kg8 31. Dg6+ usw.
Diese Variante war einfach zu berechnen. Schwer war nur, ruhig genug zu bleiben, um die Variante überhaupt berechnen zu können.

27 Bogoljubow – Nimzowitsch ***

Karlsbad 1929

Damenbauereröffnung, Nimzowitsch-Verteidigung

1.	d4	Sf6	18.	e4	Df6	35.	Tf-e2	Txe2
2.	c4	e6	19.	Lg2	Se5	36.	Lxe2	Te8
3.	Sc3	Lb4	20.	Td2	Te7	37.	Kf2	Te5
4.	Sf3	Lxc3+	21.	Te-d1	Lc6	38.	Td5	g5
5.	bxc3	b6	22.	Tf2	Ta-e8	39.	Txe5	dxe5
6.	g3	Lb7	23.	Lf1	h6	40.	c5	bxc5
7.	Lg2	0-0	24.	Le2	Kh8	41.	La6	e4
8.	0-0	Te8	25.	Da3	De6	42.	a4	Kg7
9.	Te1	d6	26.	Dc1	*	43.	a5	exf3
10.	Dc2	Le4	27.	exf5	Dxf5	44.	Kxf3	Kf6
11.	Db3	Sc6	28.	Dd2	Df7	45.	Ke3	Ke5
12.	Lf1	e5	29.	Dd4	Sg6	46.	Lc4	Lg4
13.	dxe5	Sxe5	30.	Ld3	Sxf4	47.	La6	h5
14.	Sxe5	Txe5	31.	Dxf4	Dxf4	48.	Lc4	h4
15.	Lf4	Te8	32.	gxf4	Tf8	49.	La6	Ld1
16.	f3	Lb7	33.	f5	Ld7	50.	Lb7	g4
17.	Ta-d1	Sd7	34.	Td-d2	Lxf5	Weiß gibt auf		

* siehe Stellungsbild

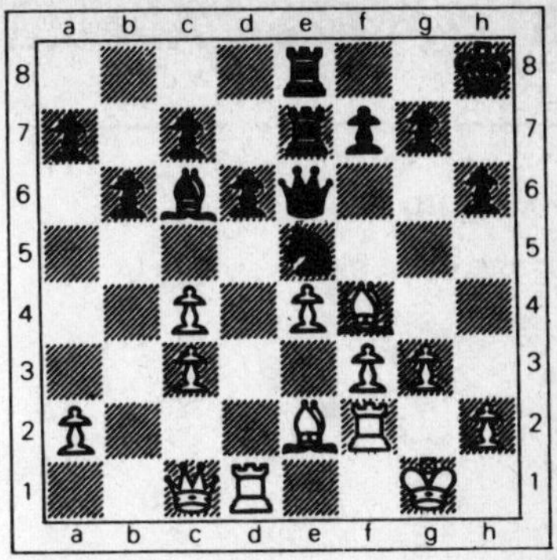

Stellung nach 26. Dc1
Schwarz am Zug

Diese Stellung bildet ein gutes Beispiel dafür, was Weiß bei der Nimzowitsch-Verteidigung falsch machen kann. Da die schwarzen Figuren von dem Erfinder dieser Verteidigung höchstpersönlich geführt wurden, sollte es uns nicht überraschen, daß wir Zeuge einer klassischen Demontage werden.

Der weiße Doppelbauer auf der c-Linie ist offensichtlich eine Belastung. Nicht nur das, er ist auch eine bleibende Last, den jeder Versuch, die Schwäche durch ihren Vormarsch aufzulösen, wird von den schwarzen Bauern d6 und b6 vereitelt. Das weiße Läuferpaar bildet keinen Ausgleich, da der Läufer e2 auf die Rolle eines passiven Verteidigers beschränkt ist. Der hastige Zug 26 . . . Sxc4 würde den größten Teil der schwarzen Überlegenheit in den Wind schreiben, da nach 27. Lxc4 Dxc4 28. Lxh6 das Zurückschlagen 28 . . . gxh6 ewiges Schach erlauben würde.

26 . . . Kg8 mit der Drohung 27 . . . Sxc4 ist kein schlechter Zug, aber Weiß könnte vorübergehend seinen schwachen Bauern c4 mit 27. Td4 unterstützen.

Nimzowitsch wählte den mächtigen Zug 26 . . . f5. Nach 27. exf5 (erzwungen) Dxf5 28. Dd2 Df7 bedrohte Schwarz wirklich den Bauern c4, da der schwarze Turm e7 jetzt das ewige Schach verhindert, wenn Weiß Lxh6 spielt. Weiß hätte 29. Lxe5 ziehen sollen, auch wenn Schwarz nach 29 . . . Txe5 immer noch besser steht. Statt dessen zog Weiß 29. Dd4, und nach 29 . . . Sg6 bewirkte die Bedrohung des weißen Läufers e2, daß Weiß die Zertrümmerung auch der Königsflügelbauern durch Schwarz dulden mußte. Nach 30. Ld3 Sxf4 31. Dxf4 Dxf4 32. gxf4 glich die Bauernstellung von Weiß den Scheren eines gerupften Krebses.

Wie Nimzowitsch (nach 32 . . . gxf4) bemerkte: «. . . viele Wege führen nach Rom, und all diese verschiedenen Wege machen es, dank der vielen Doppelbauern, Freude zu wandeln.»

28 Ahues – Aljechin **

San Remo 1930

Damenindisch

1.	d4	Sf6	18.	Dh5	0-0-0
2.	Sf3	b6	19.	0-0	f5
3.	e3	Lb7	20.	De2	h5
4.	Sb-d2	c5	21.	Sxh5	Tg6
5.	Ld3	e6	22.	f4	gxf4
6.	c3	Le7	23.	Sxf4	Th6
7.	De2	Sd5	24.	h3	Tg8
8.	dxc5	bxc5	25.	Lxe5	Dxe5
9.	Sf1	Dc7	26.	Sf3	Dg7
10.	Sg3	Sc6	27.	Ta-d1	e5
11.	Ld2	*	28.	Sd5	Txh3
12.	c4	Sd-b4	29.	Dd2	Lxd5
13.	Lc3	Sxd3+	30.	cxd5	e4
14.	Dxd3	Sb4	31.	d6	exf3
15.	De2	Tg8	32.	Txf3	Txf3
16.	a3	Sc6	33.	dxe7	Dxe7
17.	Sd2	Se5	Weiß gibt auf		

* siehe Stellungsbild

Stellung nach 11. Ld2
Schwarz am Zug

Im Jahre 1930 war Aljechin auf dem Höhepunkt seiner Spielkraft. Er gewann ein mit starken Spielern besetztes Turnier in San Remo mit einem gewaltigen Vorsprung, wobei er seine Gegner scheinbar mühelos beiseite fegte. Diese Partie zeigt, wie sehr er sich in Wirklichkeit bei seinen Siegen anstrengen mußte.
Weiß hat ohne Ehrgeiz gespielt, während Aljechin seine Angriffsabsichten bereits dadurch signalisierte, daß er seinen Königsspringer auf dem wirkungsvollen, aber auch etwas riskanten Feld d5 plaziert hat. Wenn Schwarz routinemäßig mit 11 . . . 0-0 fortsetzte, könnte sich Weiß mit 12. a3 einen Vorteil sichern, da er b4 deckt und so droht, mit c4 den schwarzen Springer aus seiner Stellung zu hebeln. Schwarz muß also etwas tun, bevor Weiß den Springer vertreiben kann.
Sowohl 11 . . . f5 als auch 11 . . . h5 sind auf den ersten Blick attraktiv. Aber in beiden Fällen steht Weiß ein guter Antwortzug zur Verfügung. Nach 11 . . . f5 12. e4 fxe4 13. Dxe4 oder 11 . . . h5 12. h4 stünde Weiß besser.
Aljechin spielte 11 . . . g5 in der Absicht, eine Bauernlawine auf dem Königsflügel zu entfesseln. Es braucht nicht viel, um auf diesen Gedanken zu kommen, aber die taktische Berechtigung ist nur schwierig durchzurechnen. Weiß setzte mit 12. c4 fort (die Drohung 12 . . . g4 ließ keine Zeit für den Vorbereitungszug 12. a3), und nach 12 . . . Sb-d4 13. Lc3 Sxd3+ 14. Dxd3 Sb4 15. De2 Tg8 war klar, daß Aljechin sein strategisches Ziel erreicht hatte. Er machte sich dann daran, einen recht geradlinigen Königsflügelangriff durchzusetzen.
Das sieht alles sehr einfach aus, aber Ahues spielte nicht die stärkste Variante. Nach 15. Db1 muß Schwarz einen Bauern opfern. Aljechin hatte zu Recht eingeschätzt, nach 15 . . . f6 16. Sxg5 (oder 16. a3 Sc6 17. Sxg5 Se5) 16 . . . Lxg2 17. Tg1 Lb7 18. Sxh7 0-0-0 genug Ausgleich zu erhalten. Aljechin mußte also, bevor er 11 . . . g5 spielte, eine siebenzügige Variante berechnen und die komplizierte Stellung beurteilen, die am Ende dieser Variante stand. Schachspielen ist harte Arbeit.

29 Henneberger – Nimzowitsch ***

Winterthur 1931

Caro-Kann

1.	e4	c6	27.	Kg2	Ld6	53.	Ld2	Sa3
2.	d4	d5	28.	Tc1	h4	54.	Lc1	Sb1
3.	Sc3	dxe4	29.	Td-d1	Th8	55.	Lb2	a3
4.	Sxe4	Sf6	30.	Td2	Ke7	56.	La1	Kd6
5.	Sg3	c5	31.	Td-c2	Kd7	57.	Ke2	Kc6
6.	Lb5+	Ld7	32.	Te1	Th7	58.	Kd1	Kd5
7.	Lxd7+	Sbxd7	33.	Ta1	hxg3	59.	Kc2	Ke4
8.	Sf3	Da5+	34.	hxg3	a5	60.	Kxb1	Kf3
9.	c3	Da6	35.	Tc-c1	Tc-h8	61.	Lb2	axb2
10.	De2	Dxe2+	36.	Th1	Txh1	62.	a4	Kxg3
11.	Sxe2	Tc8	37.	Txh1	Txh1	63.	a5	Kh2
12.	0-0	e6	38.	Kxh1	b4	64.	a6	g3
13.	Lf4	Le7	39.	Kg2	a4	65.	a7	g2
14.	Tf-e1	Sd5	40.	cxb4	Lxb4	66.	a8=D	g1=D+
15.	Lg3	c4	41.	Kf1	Kc6	67.	Kxb2	Dg2+
16.	Se5	Sxe5	42.	Le1	Kb5	68.	Dxg2+	Kxg2
17.	Lxe5	f6	43.	Sc3+	*	69.	Ka3	Kf3
18.	Lg3	g5	44.	bxc3	Kc6	70.	Kb4	Kxf4
19.	f4	h6	45.	Ke2	Sf6	71.	Kxc4	Ke3
20.	Ta-d1	Kf7	46.	Ke3	Se4	72.	d5	exd5+
21.	Td2	b5	47.	Ke2	Kd5	73.	Kxd5	f4
22.	Tf1	Th-e8	48.	Ke3	Kd6	74.	c4	f3
23.	Tf3	g4	49.	Ke2	Kc6	75.	c5	f2
24.	Tf1	f5	50.	Ke3	Kd5	76.	c6	f1=D
25.	Lf2	Tg8	51.	Ke2	Sd6	Weiß gibt auf		
26.	g3	h5	52.	Ke3	Sb5			

* siehe Stellungsbild

Bekanntlich sind in blockierten Stellungen die Springer den Läufern überlegen. Aber nicht oft wird diese Überlegenheit so eindrucksvoll demonstriert wie in der vorliegenden Partie.
Weiß hat soeben 43. Sc3+ gespielt. Jetzt wäre 43 . . . Sxc3 ein katastrophaler Fehler. Es ist wahr, daß Schwarz nach 44. bxc3 dem Namen nach einen guten gegenüber einem schlechten Läufer hätte, da der weiße Läufer von seinen eigenen Bauern eingeengt wird, während der schwarze Läufer sich frei bewegen kann. Dieser Vorteil wäre aber wertlos, da Schwarz keine Möglichkeiten hat, in die weiße Stellung einzudringen.

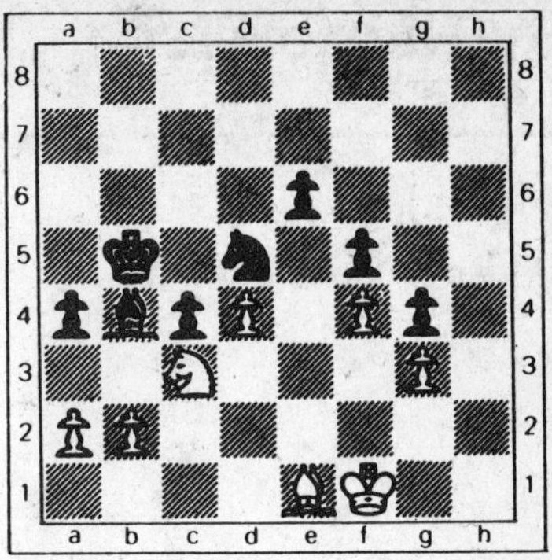

Stellung nach 43. Sc3+
Schwarz am Zug

Nimzowitsch spielte daher 43 . . . Lxc3, worauf Weiß mit 44. bxc3 antwortete. 44. Lxc3 wäre keine Verbesserung, da der schwächliche d-Bauer von Weiß letztendlich fallen muß. Jetzt stellt sich für Schwarz die Frage, wie er das Endspiel gewinnen kann, nachdem er die klassische Konstellation guter Springer gegen schlechter Läufer erreicht hat. Der Springer kann das alleine ganz klar nicht schaffen, da Weiß jeden angegriffenen Bauern decken kann. Schwarz muß daher einen Weg finden, den weißen Läufer einzusperren. Wir wollen uns einmal anschauen, wie er das schaffte. Die Partie wurde folgendermaßen fortgesetzt: 44 . . . Kc6 45. Ke2 Sf6 46. Ke3 Se4 47. Ke2 Kd5 48. Ke3 Kd6. (Auf 48 . . . Sf6 würde Weiß natürlich nicht zuvorkommenderweise 49. Ke2 spielen und 49 . . . Ke4 zulassen, sondern 49. Lf2 ziehen, und Schwarz wäre keinen Schritt weiter gekommen.) 49. Ke2 Kc6! Triangulierung! Schwarz kann seinen König zwischen drei Feldern (d5, c6, d6) hin- und herwandern lassen, während Weiß nur zwei Felder (e2 und e3) zur Verfügung stehen. Damit kann Schwarz an Tempo verlieren. Wie wichtig das ist, wird im 52. Zug deutlich: 50. Ke3 Kd5 51. Ke2 Sd6 52. Ke3. Dieser Zug ist auf Grund der Triangulierung erzwungen, um 52 . . . Ke4 zu verhindern. Hätte Schwarz nicht trianguliert, stünde der weiße König auf e3, wäre jetzt 52. Ld2, und nach 52 . . . Sb5 53. Le1 möglich. In der Partie wird der Läufer gezwungen, sich auf das minderwertige Feld c1 zurückzuziehen: 52 . . . Sb5 53. Ld2 Sa3 54. Lc1. 54. Le1 ist jetzt angesichts 54 . . . Sc2+ 55. Kd2 Sxe1 56. Kxe1 Ke4 57. Ke2 a3 nicht möglich. 54 . . . Sb1 55. Lb2 a6 56. La1. Die Einkerkerung des Läufers ist jetzt abgeschlossen. Schwarz gewann nach weiteren zwanzig Zügen.

30 Nimzowitsch – Flohr **

Bled 1931

«Blödsinn-Verteidigung»

1.	c4	Sf6	22.	Lxh7	Txh7
2.	Sc3	e6	23.	Sxf6	Tg7
3.	e4	d6	24.	Lxg5	Sd6
4.	d4	e5	25.	Lxh4	Sf5
5.	Sg-e2	Le7	26.	Txf5	Lxf5
6.	f3	c6	27.	d6	Dxd6
7.	Le3	Dc7	28.	Dxd6+	Lxd6
8.	Dd2	Sb-d7	29.	Sh5+	Te7
9.	d5	Sb6	30.	Tf1	Ld3
10.	Sg3	Ld7	31.	Tf8+	Kd7
11.	b3	h5	32.	Txa8	Lxe2
12.	Ld3	g6	33.	Lxe7	Lxe7
13.	0-0	Sh7	34.	Sg3	Ld1
14.	a4	h4	35.	Sf5	Ld8
15.	Sg-e2	c5	36.	Txa7	Kc6
16.	f4	exf4	37.	Ta8	Kd7
17.	Txf4	g5	38.	Se3	Lxb3
18.	Tf2	f6	39.	Kf2	e4
19.	*	dxe5	40.	Txd8+	Kxd8
20.	Lg6+	Kd8	41.	a5	La2
21.	Se4	Sc8	42.	g4	Schwarz gibt auf

* siehe Stellungsbild

Stellung nach 18 . . . f6
Weiß am Zug

Richard Teichmann stellte einmal die Behauptung auf, daß Schach zu 99 % aus Taktik besteht. Das ist natürlich zu sehr vereinfacht. Aber es stimmt, daß das Positionsspiel (Teichmanns 1 %) nur ein Mittel zum Zweck ist. Um Partien zu gewinnen, muß man konkrete Vorteile erarbeiten, und hierfür bedarf es gewöhnlich taktischer Mittel.
In der vorliegenden Stellung hat Weiß seinen Gegner positionell überspielt. Er hat den Raumvorteil, seine Figuren sind harmonischer entwickelt, der schwarze König steht noch in der Mitte, und der schwarze Königsflügel ist schwach. Der einzige ausgleichende Vorteil von Schwarz ist das weiße Loch auf e5, das sich als idealer Vorposten für einen schwarzen Springer erweisen könnte. Wie kann Weiß aus der Stellung einen greifbaren Vorteil ziehen?
baren Vorteil ziehen?
19. a5 ist ein Zug, aber kein Plan. Nach 19 . . . Sc8 ist nicht klar, ob der Springer wirklich schlechter steht, und Weiß müßte immer noch konstruktive Wege finden, um Fortschritte zu machen.
Der routinemäßige positionelle Zug ist 19. Ta-f1, womit der rückständige schwarze Bauer unter Druck gesetzt wird. Der Bauer ist allerdings zumindest augenblicklich gut gedeckt, und es dürfte Weiß schwerfallen, den Druck auf ihn entscheidend zu steigern. Schwarz könnte 19 . . . Lg4 und . . . Sd7 sowie . . . Se5 antworten und eine zufriedenstellende Position erreichen. Nimzowitsch wählte den taktischen Zug 19. e5. Die eine Pointe dieses Zuges ist, daß Schwarz, wenn er den Bauern schlägt, keinen Springer mehr auf e5 plazieren kann. Der wesentliche Punkt aber ist, daß Weiß den Weg für seinen Springer c3 und den Läufer d3 frei macht. 19. fxe5 20. Lg6+ Kd8 21. Tf7 wäre vernichtend. Schwarz spielte 19 . . . dxe5, aber Weiß erreichte nach 20. Lg6+ Kd8 21. Se4 Sc8 (was sonst?) 22. Lxh7 Txh7 23. Sxf6 einen entscheidenden Durchbruch.

31 Euwe – Aljechin ✱✱✱

Zürich 1934

Abgelehntes Damengambit

1.	c4	e6
2.	d4	d5
3.	Sc3	a6
4.	cxd5	exd5
5.	Lf4	Sf6
6.	e3	Ld6
7.	Lxd6	Dxd6
8.	Ld3	Sc6
9.	Sg-e2	0-0
10.	a3	Se7
11.	Dc2	b6
12.	b4	Lb7
13.	0-0	Tfe8
14.	Sg3	Sg6
15.	Tf-c1	Sh4
16.	Sc-e2	c6
17.	Ta-b1	Te7
18.	a4	Ta-e8
19.	a5	b5
20.	Sf4	Tc7
21.	Dc5	Dd7
22.	Te1	Sg6
23.	Lf5	Dd8
24.	Sd3	Lc8
25.	Tb-c1	Se7
26.	Lxc8	Sxc8
27.	Se5	Te6
28.	*	Sxe4
29.	Sxe4	dxe4
30.	Txe4	f6
31.	Sf7	De8
32.	Txe6	Dxe6
33.	Sd8	De4
34.	Sxc6	h6
35.	d5	Dd3
36.	h3	Dd2
37.	g3	Kh8
38.	Kg2	Dd3
39.	Te1	Kh7
40.	Te3	Dd2
41.	Te8	Dd3
42.	Dd4	Dc4
43.	De4+	Dxe4
44.	Txe4	Kg8
45.	Sb8	Kf7
46.	Sxa6	Td7
47.	Td4	Se7
48.	d6	Sf5
49.	Td5	Sxd6
50.	Sc5	Td8
51.	Se4	Sb7
52.	a6	Ke6
53.	Txd8	

Schwarz gibt auf

* siehe Stellungsbild

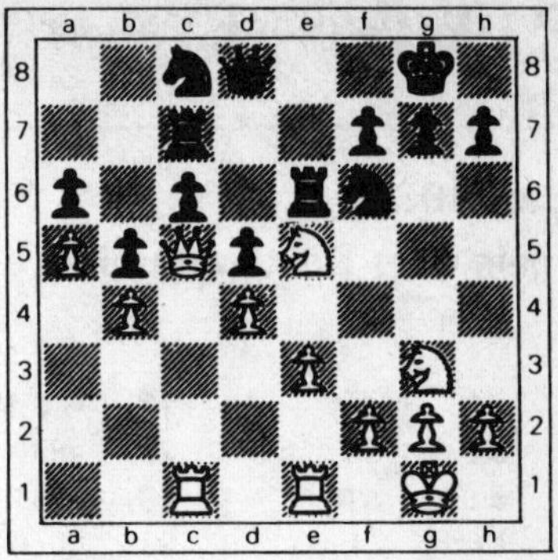

Stellung nach 27 . . . Te6
Weiß am Zug

Positionsbeurteilung ist zum Teil eine Geschmacksfrage. Selbst Weltmeister stimmen manchmal nicht in ihrer Einschätzung strategischer Entscheidungen überein.
In dieser Stellung steht Weiß angesichts seines Raumvorteils und des schwachen rückständigen schwarzen c-Bauern besser. Sollte Weiß sein Manövrieren fortsetzen, um seinen positionellen Vorteil noch zu vergrößern, oder sollte er sofort zuschlagen? Weiß könnte zum Beispiel 28. Sd3 spielen, um zum richtigen Zeitpunkt Sf4, f3 und e4 folgen zu lassen, oder gar die gewaltsamen g4, h4 und g5. Zweifellos hätte Weiß auf diese Art seinen Vorteil behalten können, aber es ist sinnlos, positionelle Verbesserungen zu versuchen, wenn es eine Möglichkeit gibt, sofort konkrete Vorteile herauszuschlagen.
Euwe wählte den zielstrebigeren Zug 28. e4, und dieser erwies sich nach 28 . . . Sxe4 29. Sxe4 dxe4 30. Txe4 f6? 31. Sf7 De8 (31 . . . Kxf7 32. Dh5+ gewinnt für Weiß) 32. Txe6 Dxe6 33. Sd8 De4 34. Sxc6 als ausgesprochen gute Wahl, mit der Weiß einen entscheidenden Bauern gewann.
Schwarz griff im 30. Zug daneben. Aljechin muß gedacht haben, daß Euwe einen Fehler gemacht hatte und er mit 30 . . . f6 eine Figur gewinnen konnte. Er zahlte für seine Unterschätzung des Gegners. Schwarz hätte 30 . . . Se7 ziehen sollen, womit er seinen c-Bauern gedeckt und sich des starken Vorpostens d5 erfreut hätte. Weiß wäre immer noch im Vorteil gewesen, aber es ist schwer zu sagen, ob sich seine Stellung im Vergleich zum 28. Zug verbessert hätte.
Beide Spieler kommentierten später die Partie. Euwe stand zu seinem Zug 28. e4, aber Aljechin war der Meinung, daß er ein strategischer Fehler war, der nur deshalb nicht zum Tragen kam, weil er Schwarz zu dem Fehlzug 30 . . . f6 verlockte. Wer von beiden hatte recht?

32 Euwe – Lasker ****

Zürich 1934

Abgelehntes Damengambit

1.	d4	d5	18.	Tf-d1	Ld7	35.	Se4	*
2.	c4	e6	19.	e5	Se8	36.	Sf6+	Dxf6
3.	Sc3	Sf6	20.	Lb1	g6	37.	Txf6	Sxf6
4.	Lg5	Sb-d7	21.	De4	La4	38.	Tc1	Se4
5.	e3	c6	22.	b3	Ld7	39.	Le2	Sd4
6.	Sf3	Le7	23.	a4	Sd5	40.	Lf3	Sxf2
7.	Dc2	0-0	24.	Ld3	Tb-c8	41.	Dc4	Sd3
8.	a3	Te8	25.	Lc4	Lc6	42.	Tf1	Se5
9.	Tc1	dxc4	26.	Sxc6	bxc6	43.	Db4	Sxf3+
10.	Lxc4	Sd5	27.	Td3	Sb4	44.	gxf3	Se2+
11.	Lxe7	Dxe7	28.	Tf3	Tc7	45.	Kh2	Sf4+
12.	Se4	S5-f6	29.	h4	Tc-d7	46.	Kh1	T2-d4
13.	Sg3	c5	30.	h5	Dg5	47.	De7	Kg7
14.	0-0	cxd4	31.	Te1	Td4	48.	Dc7	T8-d5
15.	Sxd4	Sb6	32.	hxg6	hxg6	49.	Te1	Tg5
16.	La2	Tb8	33.	De2	Td2	50.	Dxc6	Td8
17.	e4	Td8	34.	Df1	Sc2	Weiß gibt auf		

* siehe Stellungsbild

Stellung nach 35. Se4
Schwarz am Zug

1934 war Lasker 66 Jahre alt und hatte seit 1925 kein Schach mehr gespielt. Aber die Machtergreifung der Nationalsozialisten zwang ihn, seinen Besitz in Deutschland aufzugeben und zum Schachspielen zurückzukehren, um zu überleben. Dies ist seine erste Partie gegen einen ernstzunehmenden Gegner nach neun Jahren, der dazu im nächsten Jahr die Weltmeisterschaft gewinnen sollte.
In dem Diagramm ist das Material ausgeglichen, aber die schwarzen Figuren sind aggressiver plaziert, Weiß hat gerade mit 35. Se4 einen Gabelangriff auf Turm und Dame von Schwarz geführt, aber auch der weiße Turm e1 ist bedroht; jetzt muß genau gerechnet werden.
35 . . . De7 erlaubt 36. Sxd2, und auf 36 . . . Sxe1 verteidigt 37. Dxe1 den Springer d2 und gewinnt eine Figur.
35 . . . Dh6 (in der Absicht 36. Sxd2 Sxe1 37. Dxe1 Txd2) bringt nach 36. Th3 die Dame in Bedrängnis, z. B. mit 36 . . . Df4 37. Tf3, wonach Schwarz entweder die Stellung mit 38. Dh6 wiederholen oder den Bauern e5 schlagen muß, was er im 35. Zug gleich hätte tun können.
35 . . . Sxe1 36. Sxg5 Sxf3+ 37. Sxf3 Td1 38. Se1 Ta1 (mit der Drohung 39 . . . Td-d1) gelingt wegen 39. Le2 nicht.
Lasker spielte das Scheinopfer 35 . . . Dxe5! Nach 36. Sf6+ (36. Sxd2 erlaubt 36 . . . Dxe1, und andere Züge lassen Schwarz den Mehrbauern kampflos) 36 . . . Dxf6 37. Txf6 Sxf6 ist das materielle Gleichgewicht dem Namen nach gewahrt. Weiß hat eine Dame und einen Läufer gegen einen Turm, zwei Springer und einen Bauern. Aber die weiße Dame steht auf f1 auf verlorenem Posten – sie bildet kein Gegengewicht zu dem aktiven Turm und Springer von Schwarz. Nach 38. Tc1 (vergleichsweise am besten war 38. Te2 Td1 39. Txc2 Txf1+ 40. Kxf1) 38 . . . Se4 39. Le2 Sd4 überfluten die schwarzen Figuren die Stellung von Weiß. Viele unerfahrene Spieler zögern, ihre Dame herzugeben, auch wenn sie genügend Material zum Ausgleich erhalten. Lasker litt nicht unter solchen Rücksichtnahmen.

33 Aljechin – Lasker ****

Zürich 1934

Abgelehntes Damengambit

1.	d4	d5	14.	Sf5	Dd8
2.	c4	e6	15.	S3xd4	Se5
3.	Sc3	Sf6	16.	Lb3	Lxf5
4.	Sf3	Le7	17.	Sxf5	Db6
5.	Lg5	Sb-d7	18.	*	Se-d7
6.	e3	0-0	19.	Tf-d1	Ta-d8
7.	Tc1	c6	20.	Dg3	g6
8.	Ld3	dxc4	21.	Dg5	Kh8
9.	Lxc4	Sd5	22.	Sd6	Kg7
10.	Lxe7	Dxe7	23.	e4	Sg8
11.	Se4	Sg-f6	24.	Td3	f6
12.	Sg3	e5	25.	Sf5+	Kh8
13.	0-0	exd4	26.	Dxg6	Schwarz gibt auf

* siehe Stellungsbild

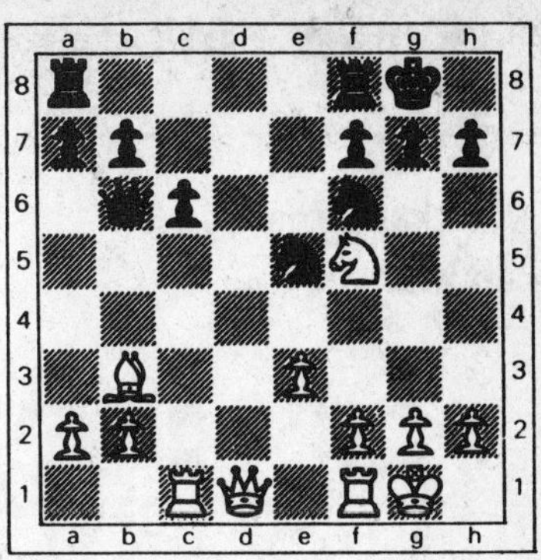

Stellung nach 17 . . . Db6
Weiß am Zug

Rudolph Spielmann war ein guter Angriffsspieler, aber er spielte nicht in derselben Liga wie Weltmeister Alexander Aljechin. Er erklärte den Unterschied einmal damit, daß er zwar keine Schwierigkeiten hätte, Aljechins Kombinationen zu sehen, daß er aber nicht ergründen könne, wie Aljechin die Art von Stellungen erreichte, in denen solche Kombinationen möglich sind. Wir wollen uns einmal anschauen, wie Aljechin das machte.

Die Stellung im obigen Diagramm sieht ungefähr ausgeglichen aus. Keine Seite hat einen Entwicklungsvorsprung. Schwarz hat eine Bauernmehrheit auf dem Damenflügel, die sich als nützlich erweisen könnte, wenn die Partie ins Endspiel überginge. Weiß hat eine Bauernmehrheit auf dem Königsflügel, die die Grundlage für einen Königsangriff bilden könnte. Wenn Weiß den Vorstoß e4, f4 und e5 durchsetzen könnte, wäre das unter Umständen ein Weg zum Sieg, aber Schwarz ist gut plaziert, um so einem Angriff zu begegnen.

Der sofortige Vorstoß 18. f4 verliert wegen 18 . . . Se-g4, wonach der Bauer e3 nicht mehr ausreichend verteidigt werden kann: z. B. 19. Df3 Tf-e8 20. Tf-e1 g6 21. h3 gxf5 22. hxg4 fxg4.

Falls Weiß den zentralen Bauernvorstoß mit 18. De2 oder 18. h3 vorbereiten will, steht Schwarz die irritierende Erwiderung 18 . . . a5 mit der Drohung 19 . . . a4 zur Verfügung. In dem Fall sind die Aussichten von Schwarz sicherlich nicht schlechter.

Aljechin ging anders vor. Er spielte 18. Dd6!, und nach 18 . . . Se-d7 (18 . . . Tf-e8 verliert gegen 19. Se7+, und 18 . . . Sg6 gegen 19. Sh6+) 19. Tf-d1 Ta-d8 20. Dg3 g6 21. Dg5! war der weiße Angriff gut am Laufen: er gewann in nur fünf weiteren Zügen. Im Nachhinein ist klar, daß der ungeschickt plazierte Springer e5 die Achillesferse der schwarzen Stellung bildete; es war aber keineswegs einfach, das zu entdecken.

Aljechin beendete die Partie mit einem spektakulären, aber naheliegenden Damenopfer. Spielmann hätte zweifelsohne 26. Dxg6 gesehen. Aber hätte er 18. Dd6 entdeckt?

34 Euwe – Aljechin **

24. Wettkampfpartie 1935
Holländisch

1.	d4	e6	18.	Ta-d1	b6
2.	c4	f5	19.	Dc2	Lb7
3.	g3	Lb4+	20.	Dg6	Df7
4.	Ld2	Le7	21.	Dg5	Ta-d8
5.	Lg2	Sf6	22.	h4	Txd1
6.	Sc3	0-0	23.	Txd1	Sd4
7.	Sf3	Se4	24.	Lxd4	exd4
8.	0-0	Lf6	25.	Txd4	Lxf3
9.	Sxe4	fxe4	26.	Tf4	Dh5
10.	Se1	Lxd4	27.	Txf8+	Kxf8
11.	Lxe4	Lxb2	28.	Df4+	Df7
12.	Lxh7+	Kxh7	29.	Dxf3	Dxf3
13.	Dc2+	Kg8	30.	exf3	e5
14.	Dxb2	Sc6	31.	Kf1	b5
15.	Sf3	d6	32.	Ke2	*
16.	c5	dxc5	33.	Ke3	
17.	Lc3	De7		Remis	

* siehe Stellungsbild

Es genügt nicht, ein guter Spieler zu sein. Man muß auch gut spielen können. (Tarrasch)

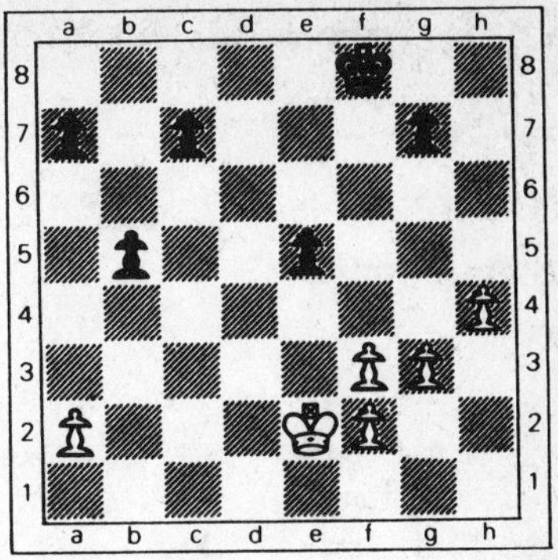

Stellung nach 32. Ke2
Schwarz am Zug

Aljechin entdeckte die Wahrheit dieser Maxime während seines Weltmeisterschaftskampfes gegen Euwe im Jahre 1935. Obwohl er als klarer Favorit in den Kampf gegangen war, spielte er weit unter seiner Bestform und verlor mit $15\frac{1}{2}$ zu $14\frac{1}{2}$ Punkten. Der geringe Punktunterschied seiner Niederlage war ein besonderer Anlaß, sich wegen der verschiedenen Fehler, die ihm während des Wettkampfs unterliefen, Vorwürfe zu machen. Hier ist einer dieser Fehler.

Trotz des ausgeglichenen Materials hat Schwarz den entscheidenden Vorteil. Seine Bauernmehrheit von 3 : 1 auf dem Damenflügel ist beweglich, während die Bauernmehrheit von 4 : 2 auf dem Königsflügel (zumindest zeitweise) durch den Doppelbauern auf der f-Linie behindert ist. Aljechin warf diesen Vorteil aus dem Fenster, indem er 32 . . . c5 spielte. Nach 33. Ke3 merkte er, welchen Fehler er gemacht hatte, und stimmte widerwillig einem Remis zu. Entscheidend ist, daß Weiß nach 33 . . . c4 34. f4 exf4+ 35. Kxf4 c3 36. Ke3 Zeit genug hatte, seinen Doppelbauern aufzulösen und auf den Damenflügel zurückzukehren, um den schwarzen Bauernvorstoß aufzuhalten. Die Stellung, die sich daraus ergibt, ist remis. Der schwarze König hätte keine Zeit, zur Unterstützung seiner Bauern auf den Damenflügel zu eilen, da die nun unbehinderten Königsflügelbauern von Weiß zu schnell sind.

Aljechin hätte 32 . . . a5 spielen sollen. Dann kann Schwarz nach 33. Ke3 b4 34. f4 exf4+ 35. Kxf4 a4 36. Ke3 b3 einen Bauern in eine Dame verwandeln. Daher muß Weiß seinen König sofort auf den Damenflügel hetzen, ohne den Doppelbauern aufzulösen. Die Partie hätte dann vielleicht so fortgesetzt werden können: 33. Kd3 a4 34. Kc3 c5 35. g4 Ke7 36. Kd3 Kd6 37. Kc3 Kd5 38. a3 Ke6 39. Kb2 b4 40. axb4 cxb4 41. Kc2 Kd5 42. h5 Kc4 43. Kb2 a3+ 44. Ka2 Kc3 45. g5 b3+ 46. Kxa3 b2 47. Ka2 Kc2 48. h6 b1=D+ 49. Ka3 Db3 matt. In der letzten Variante waren die Königsflügelbauern von Weiß zu langsam, aber wenn er sie früher hätte vormarschieren lassen, hätte Schwarz seinen König auf den anderen Flügel geführt. Zum Beispiel könnte Weiß nach 36. h5 f6, gefolgt von . . . Kg5, . . . Kf4 und . . . e4, nicht verhindern, daß der schwarze König sich alle Bauern auf dem Königsflügel einverleibt, wonach er schließlich auf die andere Seite wandern und leicht gewinnen würde.

35 Euwe – Capablanca **

AVRO 1938
Damenindisch

1.	d4	Sf6	21.	gxf4	Kf7
2.	c4	e6	22.	e3	Te6
3.	Sf3	b6	23.	Tc4	b5
4.	g3	Lb7	24.	Tc3	c6
5.	Lg2	Le7	25.	f3	g6
6.	0-0	0-0	26.	fxe4	fxe4
7.	Sc3	d5	27.	a4	bxa4
8.	Se5	Se4	28.	Tc4	Kf6
9.	cxd5	exd5	29.	Txa4	c5
10.	Sxe4	dxe4	30.	Lf1	cxd5
11.	Dc2	f5	31.	Txa6	dxe4
12.	Le3	Sa6	32.	Txe6+	Kxe6
13.	Ta-c1	Dd5	33.	Lh3+	Kd5
14.	Sc6	Lxc6	34.	Kf1	Kc4
15.	Dxc6	Dxc6	35.	Ke2	Kb3
16.	Txc6	Tf6	36.	Le6+	Kxb2
17.	Tf-c1	Txc6	37.	Lg8	a5
18.	Txc6	Ld6	38.	Lxh7	a4
19.	a3	Te8	39.	Lxg6	Schwarz gibt auf
20.	*	Lxf4			

* siehe Stellungsbild

Nicht nur beim Schach . . .

Stellung nach 19 . . . Te8
Weiß am Zug

Euwe wird oft als das Aschenbrödel unter den Weltmeistern betrachtet. Es ist wahr, daß seinem Spiel die Eleganz einiger seiner bösen Schwestern fehlte, aber er glich das durch äußerst methodisches Vorgehen aus. Seine besten Siege vermitteln den Eindruck eines Triumphs der eisernen Logik. Hier sieht man, wie er den großen Capablanca aus dem Ballsaal vertrieb.

In dem Diagramm hat Weiß eine Reihe kleiner Vorteile angesammelt. Er hat das Läuferpaar, der schwarze Springer a6 steht falsch, und der schwarze c-Bauer ist schwach. Das naheliegendste Vorgehen von Weiß zur Vergrößerung seines Vorteils bestünde darin, das Zentrum zu öffnen und die Reichweite seines Läuferpaars zu vergrößern. Leider machte Schwarz seinen letzten Zug 19 . . . Te8 genau in der Absicht, dies zu vereiteln. Nach 20. g4 (womit Weiß bis zu 19 . . . Te8 drohte) gewinnt 20 . . . fxg4 einen Bauern, da der schwarze e-Bauer jetzt gedeckt wird. 20. f3 wäre noch schlechter, da Schwarz mit 20 . . . exf3 schlicht eine Figur gewinnt.

Euwe spielte 20. Lf4, womit er sein Läuferpaar aufgab und sich einen Doppelbauern einhandelte. Seine überraschende Entscheidung war gänzlich gerechtfertigt. Doppelbauern sind nicht immer von Nachteil, und im vorliegenden Fall ist der weiße Doppelbauer alles andere als schwach. Durch die Aufgabe des Läuferpaars eliminierte Weiß die bestplazierte Figur von Schwarz, den Läufer d6.

Die Partie wurde fortgesetzt mit 20 . . . Lxf4 21. gxf4 Kf7 22. e3 (es besteht kein Grund zur Eile) 22 . . . Te6 23. Tc4, und der Vorteil von Weiß wird augenfällig. Der schwarze c-Bauer (nicht mehr vom Läufer d6 gedeckt) ist ausgesprochen schwach, und der Springer a6 steht am Abgrund. Voller Verzweiflung spielte Schwarz 23 . . . b5 24. Tc3 c6, und nach 25. f3 öffnete Weiß die Stellung und erzielte den entscheidenden Vorteil.

36 Aljechin – Golombek **

Margate 1938
Nimzo-Indisch

1.	d4	Sf6	17.	Sg5	Ld7
2.	c4	e6	18.	Dc2	f5
3.	Sc3	Lb4	19.	*	Se7
4.	g3	d5	20.	dxe6	Lxe6
5.	Lg2	0-0	21.	Td1	De5
6.	Sf3	c5	22.	Lxb7	h6
7.	cxd5	Sxd5	23.	Sxe6	Dxe6
8.	Ld2	Sc6	24.	Dc7	Txd1+
9.	a3	Sxc3	25.	Txd1	Te8
10.	bxc3	La5	26.	Lf3	a6
11.	0-0	cxd4	27.	Td6	De5
12.	cxd4	Lxd2	28.	Dc4+	Kh7
13.	Dxd2	De7	29.	Txa6	Tc8
14.	Db2	Td8	30.	Df7	Tc1+
15.	Tf-c1	Dd6	31.	Kg2	Schwarz gibt auf
16.	e3	Tb8			

* siehe Stellungsbild

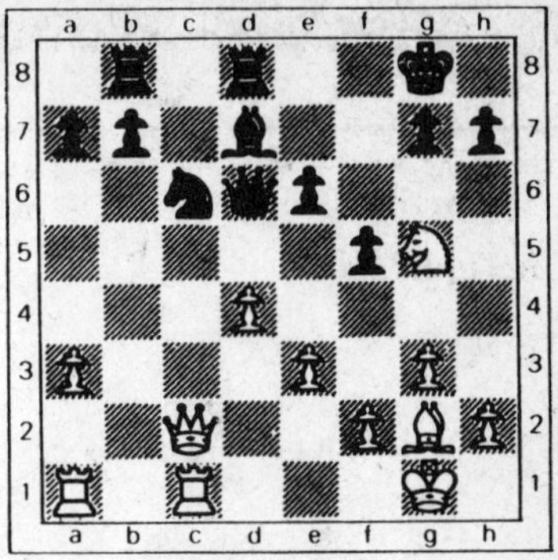

Stellung nach 18 . . . f5
Weiß am Zug

Das erstickte Matt ist eines der am besten bekannten Listen des Schachspiels. Die Konfiguration der Figuren, die zu ihm führt, ist so einzigartig, daß sie unter den Meistern nur noch wenig Opfer findet; es ist aber immer noch eine Heimsuchung unter den weniger guten Spielern. In der vorliegenden Partie wird allerdings der zukünftige Schachkorrespondent des *Thunderer* vom Blitz aus heiterem Himmel getroffen.
In dem Diagramm scheint Weiß nur einen kleinen Vorteil zu haben, der auf der Schwäche des schwarzen e-Bauern beruht. Die weißen Figuren sind harmonisch entwickelt, und nur der etwas abseits plazierte Springer g5 stört ein wenig das Gesamtbild. Dieser Springer ist dann auch der Schlüssel zur weißen Gewinnkombination. Weiß stehen eine Reihe sinnvoller Züge zur Verfügung, z. B. mit 19. Sf3 den Springer zu rezentralisieren oder mit 19. Dc5 zu versuchen, den kleinen Vorteil im Endspiel auszunutzen. Aber nur ein Zug kommt wirklich in Frage, sobald man ihn gesehen hat.
Aljechin spielte 19. d5!, und nach 19 . . . Se7 20. dxe6 Lxe6 21. Td1 De5 22. Lxb7 h6 (nicht 22 . . . Txd1+ 23. Txd1 Txd7 24. Td8 matt) 23. Sxe6 Dxe6 24. Dc7 hatte er einen Bauern gewonnen, der zum Sieg ausreichte. Aber warum sollte Schwarz nicht 19 . . . exd5 spielen? Weil nach 20. Lxd5+ Dxd5 21. Td1 die Partie entscheidet. Die Dame kann nicht auf der Diagonale a2-g8 bleiben, und nach z. B. 21 . . . Da5 22. Da2+ Kh8 (oder 22 . . . Kf8 23. Df7 matt) haben wir das erstickte Matt 23. Sf7+ Kg8 24. Sh6+ Kh8 25. Dg8+ Txg8 26. Sf7 matt.
Trotz des weißen Springers auf g5 war die Möglichkeit eines erstickten Matts nur schwer zu entdecken, weil der gut gedeckte schwarze Bauer e6 anscheinend die wichtige Diagonale blockierte. Schwer, aber nicht unmöglich. Aljechin sah sie!

37 Aljechin – Richter ***

München 1942

Caro-Kann

1.	e4	d5	24.	Sc3	e5
2.	exd5	Sf6	25.	Ta-d1	e4
3.	c4	c6	26.	Td7	h5
4.	d4	cxd4	27.	h3	h4
5.	Sc3	Sc6	28.	Te-d1	Kh7
6.	Lg5	e6	29.	La6	Tf7
7.	Sf3	Le7	30.	T7-d6	Dg5
8.	Ld3	0-0	31.	T6-d5	Df4
9.	0-0	dxc4	32.	Se2	Dg5
10.	Lxc4	b6	33.	Sd4	Tf6
11.	a3	Lb7	34.	Le2	Kh6
12.	Dd3	Sd5	35.	Sc2	Tf7
13.	Lxd5	Lxg5	36.	Se3	g6
14.	Le4	f5	37.	Lc4	Df4
15.	Sxg5	Dxg5	38.	Td6	Tc7
16.	Lf3	Kh8	39.	b3	Kh7
17.	Tf-e1	Ta-d8	40.	a4	De5
18.	*	Txd4	41.	Te6	Dc3
19.	Db5	Td6	42.	Sd5	Dc2
20.	Se4	Dg6	43.	Tf1	Tg7
21.	Sxd6	Sd4	44.	f3	exf3
22.	Lxb7	Sxb5	45.	Txf3	Kh6
23.	Sxb5	Df6	46.	Se3	Schwarz gibt auf

* siehe Stellungsbild

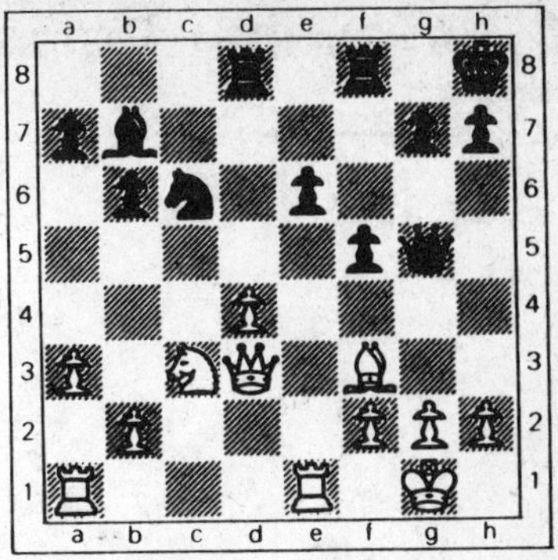

Stellung nach 17 . . . Ta-d8
Weiß am Zug

Aljechin war einer der wenigen führenden Großmeister, die auch während des Zweiten Weltkrieges aktiv blieben. Er wurde kritisiert, mit den Nazis zusammenzuarbeiten, da er auf Turnieren mitspielte, die diese zu Propagandazwecken ausgerichtet hatten.
Diese Kritik ist zweifellos berechtigt, aber Aljechin kann als mildernden Umstand anführen, die Schachliteratur um die Partien, die er in jenem düsteren Abschnitt seiner Karriere spielte, bereichert zu haben.
In dem Diagramm ist bei weitem nicht offensichtlich, daß Weiß im Vorteil ist. Es stimmt, daß der schwarze e-Bauer schwach ist – aber auch der d-Bauer von Weiß kränkelt. Aber Aljechin entdeckte einen Weg, einen Vorteil zu erzielen, indem er die Fessel des schwarzen Springers c6 ausnutzte. Schwarz droht augenscheinlich mit 18 . . . Txd4, und dieser Bauer kann nicht direkt verteidigt werden.
18. Sb5 läßt die schlichte Antwort 18 . . . a6 zu und z. B. 19. Lxc6 Lxc6, wonach Schwarz sowohl 20 . . . Lxb5 als auch 20 . . . Dxg2 matt droht. 18. Se2 ist sogar noch schlimmer für Weiß. 18 . . . Se5 führt zur sofortigen Vernichtung.
Der Versuch, durch 18. Txe6 den schwarzen e-Bauern zum Ausgleich des d-Bauern von Weiß zu gewinnen, verliert nach 18 . . . Sxd4 die Qualität. Auf 18. d5 ist 18 . . . e5! mit der Drohung 19 . . . e4 eine starke Antwort.
Aljechin spielte 18. Df1. Jetzt droht Weiß mit 19. Ta-d1 (nicht 19. Txe6 Sxd4), wodurch er den d-Bauern deckt und den Angriff auf den schwarzen e-Bauern vorbereitet. 18. Df1 sieht wie ein sinnloser Zug aus, und Schwarz antwortete beglückt 18 . . . Txd4. Jetzt kommt die Pointe. Aljechin spielte 19. Db5. Das war vorher wegen 18. Sxd4 unmöglich, aber jetzt verhindert der schwarze Turm, daß der schwarze Springer das Feld d4 betritt. Dies ist ein schönes Beispiel für einen Verkehrsstau beim Schachspiel. Vergleichsweise am besten für Schwarz wäre jetzt gewesen: 19 . . . Sd8 20. Lxb7 Sxb7 21. De5 Tg4 22. g3 Sc5 23. Ta-d1, wonach Weiß den geopferten Bauern mit Stellungsvorteil zurückerobert. Tatsächlich machte Schwarz mit 19 . . . Td6 einen Fehlzug und erlaubte 20. Se4 mit Qualitäts- und Partiegewinn.
Die meisten Spieler würden den paradoxen Rückzug 18. Df1 noch nicht einmal entfernt in Betracht ziehen. Die einzige Art von Spieler, die einen solchen Zug wahrscheinlich berücksichtigt, ist ein Computer (der vom normalen vernünftigen Denken befreit ist) oder ein taktisches Genie wie Aljechin.

38 Aljechin – Keres **

Salzburg 1942

Spanisch

1.	e4	e5	20.	Lxf8	Kxf8	39.	De6	Dxe6
2.	Sf3	Sc6	21.	g3	Txd1+	40.	dxe6	Tc8
3.	Lb5	a6	22.	Lxd1	Td8	41.	Sf7+	Sxf7
4.	La4	Sf6	23.	a4	Sc4	42.	exf7	Sd6
5.	0-0	Le7	24.	axb5	axb5	43.	Ld3	Kg7
6.	De2	b5	25.	*	Db7	44.	f8=D+	Kxf8
7.	Lb3	d6	26.	b3	Sd6	45.	Txh7	Kg8
8.	c3	0-0	27.	c4	bxc4	46.	Td7	Se8
9.	Td1	Sa5	28.	bxc4	Lxd5	47.	h5	gxh5
10.	Lc2	c5	29.	exd5	Sg7	48.	Lxf5	Ta8
11.	d4	Dc7	30.	Sg4	De7	49.	Le6+	Kh8
12.	Lg5	Lg4	31.	Lc2	Sg-e8	50.	Td5	Sf6
13.	dxe5	dxe5	32.	h4	e4	51.	Txc5	Kg7
14.	Sb-d2	Tf-d8	33.	Se3	De5	52.	Kg2	Ta2
15.	Sf1	Sh5	34.	Ta7	Kg8	53.	Lf5	Ta3
16.	h3	Le6	35.	Sg4	Dd4	54.	Tc7+	Kh6
17.	Se3	f6	36.	Lxe4	f5	55.	Tf7	Ta6
18.	Sh2	g6	37.	Sh6+	Kh8	56.	f4	h4
19.	Lh6	Lf8	38.	Lc2	Df6	57.	g4	Schwarz gibt auf

* siehe Stellungsbild

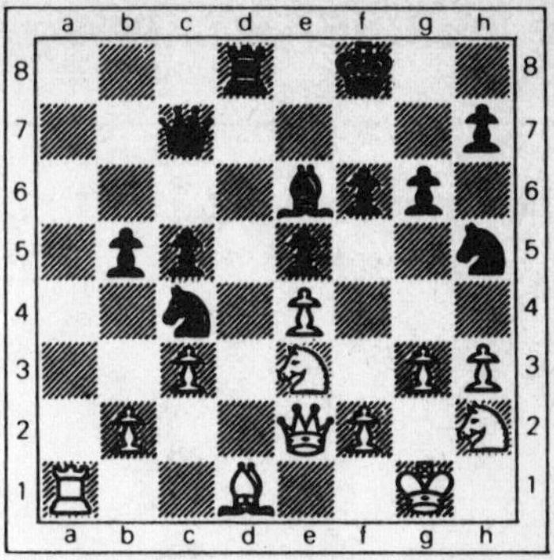

Stellung nach 24 . . . axb5
Weiß am Zug

Im Handgemenge von Anfängerpartien garantiert manchmal noch nicht einmal ein Damenvorteil den Sieg. Je weiter man aber auf der Leiter der Schachkunst nach oben steigt, desto geringere Vorteile bilden das Zünglein an der Waage. Auf Großmeisterebene kann schon ein einziges schwaches Feld ausreichen. In der vorliegenden Partie scheinen die Chancen gleich. Sie wären tatsächlich ausgeglichen, hätte Schwarz einen Bauern auf c6 und nicht auf c5. Dieser kleine Unterschied genügt Weiß, die Waagschale zu seinen Gunsten sinken zu lassen.
Schwarz droht mit 25 . . . Td2, gefolgt von 26 . . . Txb2.
Nach 24. Sxc4 Lxc4 hätte Schwarz den größtmöglichen Vorteil dieser Stellung ausgeschöpft, nämlich die Kontrolle der d-Linie.
25. Sf5 ist zwecklos. Schwarz könnte das Opfer entweder übersehen, z. B. durch 25 . . . Td2, oder er könnte es mit 25 . . . gxf5 26. Dxh5 fxe4 annehmen. Dann hätte Weiß zwar etwas, aber nicht genügend Ausgleich für seinen Bauern.
Aljechin merkte, daß das Feld d5 die Schwachstelle der schwarzen Stellung bildete, und nützte das mit 25. Sd5 aus.
Die taktische Rechtfertigung für diesen Zug besteht darin, daß nach 25 . . . Lxd5 26. exd5 Txd5 der starke Zug 27. De4 möglich ist, z. B. kann Weiß nach 27 . . . Td8 28. Lxh5 gxh5 sich aussuchen, ob er 29. Df3 oder 29. Ta6 spielen will, was ihm in beiden Fällen beträchtliche Vorteile beschert. Nach 27 . . . Td2 28. Lxh5 gxh5 29. Sf3 wird der Turm zum Rückzug gezwungen, da 29 . . . Txb2 wegen 30. Da8+ Kg7 31. Ta7 verliert.
Die strategische Rechtfertigung für 25. Sd5 ist, daß der Springer, wenn Schwarz ihn nicht schlägt, eine mächtige Stellung einnimmt, und daß Weiß, wenn Schwarz den Springer schlägt, einen Freibauern auf d5 erhält, und die weißen Felder von Schwarz auf Dauer geschwächt werden.
Die schwarze Stellung war nach 25. Sd5 immer noch haltbar, aber Keres zeigte sich den Verteidigungsaufgaben nicht gewachsen.

39 Geller – Euwe ****

Kandidatenturnier Zürich 1953
Nimzo-Indisch

1.	d4	Sf6	14.	f4	Sxc4
2.	c4	e6	15.	f5	f6
3.	Sc3	Lb4	16.	Tf4	b5
4.	e3	c5	17.	Th4	Db6
5.	a3	Lxc3+	18.	e5	Sxe5
6.	bxc3	b6	19.	fxe6	Sxd3
7.	Ld3	Lb7	20.	Dxd3	Dxe6
8.	f3	Sc6	21.	Dxh7+	Kf7
9.	Se2	0-0	22.	Lh6	*
10.	0-0	Sa5	23.	Dxh8	Tc2
11.	e4	Se8	24.	Tc1	Txg2+
12.	Sg3	cxd4	25.	Kf1	Db3
13.	cxd4	Tc8	26.	Ke1	Df3
			Weiß gibt auf		

* siehe Stellungsbild

Stellung nach 22. Lh6
Schwarz am Zug

Viele Partiensammlungen vermitteln den Eindruck, daß Opferangriffe immer erfolgreich sind. Das verwundert nicht, da erfolgreiche Angriffe sich gewöhnlich besser veröffentlichen lassen als Niederlagen. Die hier gezeigte Partie möge dem entgegenwirken.
Geller erreichte die abgebildete Stellung mit «brillantem» Spiel. Für einen Bauern baute er einen bedrohlichen Angriff auf und droht jetzt, mit 23. Sf5 und 24. Tg4 durchzubrechen. Aber der Bauer war nicht die einzige Investition von Weiß. Er mußte die meisten seiner Figuren im Abseits plazieren und seinen König von Verteidigern entblößen. Wie kann Schwarz das ausnutzen? Der plumpe Zug 22 . . . Dd5 mit der unverhüllten Drohung 23 . . . Dxg2 matt scheitert an 23. Te4, womit Weiß die Kontrolle über die e-Linie übernimmt und 24. Ta-e1 sowie 25. Te7 matt droht.
Den König mit 22 . . . Ke7 zu evakuieren ist kein schlechter Plan, auch wenn dabei der Mehrbauer wieder aufgegeben wird. Schwarz hat allerdings einen weitaus stärkeren Zug zur Verfügung. Euwe spielte 22 . . . Th8!, und nach 23. Dxh8 (erzwungen, da Weiß sonst seinen Läufer h6 verliert) 23 . . . Tc2. Geller, der nach 22 . . . Th8 wahrscheinlich unter Schock litt, wehrte sich mit 24. Tc1 nur schwach und verlor nach 24 . . . Txg2+. Geller verpaßte seine Chance auf eine Gegenkombination mit 24. d5!, worauf sich folgende Abspiele ergeben:
(1) 24 . . . Dxd5 25. Te4, und Weiß steht besser.
(2) 24 . . . Db6+ 25. Kh1 Df2 26. Tg1 Lxd5 27. Te4, und wieder ist Weiß obenauf.
(3) 24 . . . Lxd5! 25. Td1 Txg2+ 26. Kf1 gxh6 (die Pointe von 24. d5 besteht darin, daß Schwarz, nachdem sein Läufer nach d5 gezwungen wurde, nicht mehr das tödliche Schach 26 . . . Dc4+ geben kann). 27. Dxh6, und Schwarz hat mehr als genug Ausgleich für die Qualität erhalten, aber Weiß kann noch weiterkämpfen.

40 Gurgenidse – Tal **

UdSSR-Meisterschaft 1957
Moderne Benoni

1.	d4	Sf6	15.	Kxf2	Dh4+
2.	c4	c5	16.	Kf1	Ld4
3.	d5	e6	17.	Sd1	Dxh3
4.	Sc3	exd5	18.	Lf3	Dh2
5.	cxd5	d6	19.	Se3	f5
6.	Sf3	g6	20.	Sd-c4	fxe4
7.	e4	Lg7	21.	Lxe4	La6
8.	Le2	0-0	22.	Lf3	Te5
9.	0-0	Te8	23.	Ta3	Ta-e8
10.	Sd2	Sa6	24.	Ld2	Sxd5
11.	Te1	Sc7	25.	Lxd5+	Txd5
12.	a4	b6	26.	Ke2	Lxe3
13.	Dc2	Sg4	27.	Txe3	Lxc4+
14.	h3	*	Weiß gibt auf		

* siehe Stellungsbild

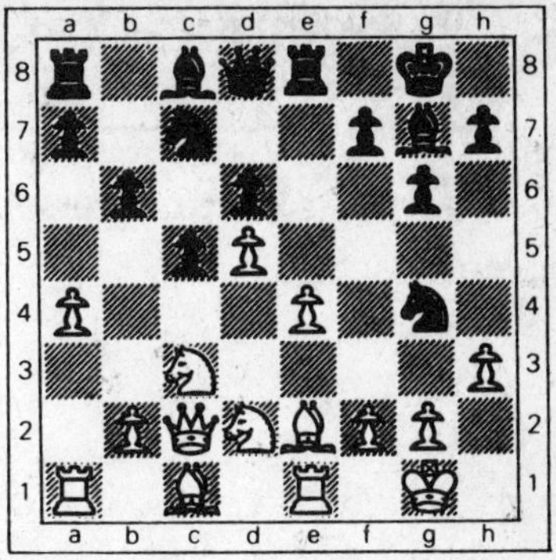

Stellung nach 14. h3
Schwarz am Zug

Die Moderne Benoni-Verteidigung ist eine der ehrgeizigsten Antworten von Schwarz auf 1. d4. Schwarz geht das Risiko ein, von der weißen Zentrumsbauernmehrheit überrollt zu werden, aber zum Ausgleich erhält er taktische Möglichkeiten, die Weiß nur schwer unter Kontrolle halten kann. Heutzutage wird die Eröffnung als nicht ganz ausreichend zur Herstellung eines ausgeglichenen Spiels betrachtet, auch wenn sie immer noch jederzeit spielbar ist. Vor zwanzig Jahren, als die Eröffnung in ihrer modernen Form noch in den Kinderschuhen steckte, ließ das taktische Genie Tal sie fast als erzwungenen Sieg für Schwarz erscheinen.
In dem Diagramm hat Weiß soeben 13 . . . Sg4 mit 14. h3 beantwortet. 14 . . . Sf6 hieße zugeben, daß 13 . . . Sg4 ein Fehler war. Nach 14 . . . Sh6 (ein unangenehmes Feld für den Springer) wäre die peinliche Erwiderung 15. Sc4 mit der Drohung 16. Lf4 möglich. 14 . . . Se5 würde Weiß zu 15. f4 (ein Zug, den Weiß sowieso spielen will) und Tempogewinn einladen. Nach 15 . . . Sd7 16. Sc4 hätte Weiß die Art Stellung, die einen gewöhnlich davon abhielt, Modernes Benoni zu spielen – bis Tal auf den Plan trat. Tal spielte 14 . . . Sxf2!, und die Partie wurde fortgesetzt mit 15. Kxf2 Dh4+ 16. Kf1 (auch nicht besser als 16. g3 Ld4+ oder 16. Kf3 f5) 16 . . . Ld4 17. Sd1. Die Stellung von Weiß ist sehr verstopft, aber er muß sich ausgerechnet haben, den schwarzen Angriff mit 18. Sf3 zurückschlagen zu können. Der nächste Zug von Schwarz muß ihn furchtbar überrascht haben: 17 . . . Dxh3! Jetzt kommt nach 18. gxh3 Lxh3 matt, und daher mußte Weiß 18. Lf3 spielen, wonach 18 . . . Dh2 19. Se3 f5 den entscheidenden Angriff einleiten. Man kann Gurgenidse vielleicht dafür entschuldigen, 17 . . . Dxh3 übersehen zu haben, als er 14. h3 spielte. Oder kann man das nicht? Die Alternativen zu 14 . . . Sxf2 sind so unansehnlich, daß er sich wirklich hätte denken können, daß Tal einen Weg zur Rechtfertigung des Springeropfers finden würde. Es ist gefährlich, wenn man einem so starken Spieler wie Tal unterstellt, er bluffe nur.

41 Botwinnik – Tal ***

3. Partie um die Weltmeisterschaft 1961
Nimzo-Indisch

1.	c4	Sf6
2.	Sc3	e6
3.	d4	Lb4
4.	e3	0-0
5.	Ld3	d5
6.	a3	dxc4
7.	Lxc4	Ld6
8.	Sf3	Sc6
9.	b4	e5
10.	Lb2	Lg4
11.	d5	Se7
12.	h3	Ld7
13.	Sg5	Sg6
14.	*	fxe6
15.	dxe6	Kh8
16.	exd7	Dxd7
17.	0-0	Df5
18.	Sd5	Sg8
19.	Dg4	Dc2
20.	De2	Df5
21.	Dg4	Dc2
22.	De2	Df5
23.	e4	Dd7
24.	Ta-d1	Ta-d8
25.	Dg4	De8
26.	g3	Sh6
27.	Dh5	Sg8
28.	De2	S6-e7
29.	Se3	Sh6
30.	Sg4	Sxg4
31.	hxg4	Sc6
32.	Kg2	Le7
33.	Ld5	Sd4
34.	Lxd4	exd4
35.	Lc4	c5
36.	b5	Lf6
37.	f4	d3
38.	Txd3	Txd3
39.	Lxd3	Ld4
40.	e5	g6
41.	Th1	Kg7
42.	De4	b6
43.	Lc4	Schwarz gibt auf

* siehe Stellungsbild

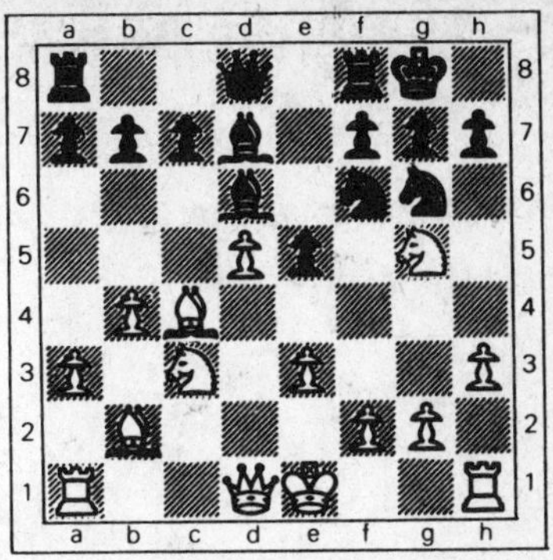

Stellung nach 13 . . . Sg6
Weiß am Zug

Bei dem Weltmeisterschaftskampf zwischen Botwinnik und Tal prallten zwei interessante Stile aufeinander, denn Botwinnik, der Meister der Strategie, kämpfte gegen den Meister der Taktik, Tal. In den meisten Partien strebte Botwinnik einfache Stellungen an, während Tal Komplikationen suchte, aber gelegentlich war sich Botwinnik, wie die vorliegende Partie zeigt, nicht zu schade, taktisch zu spielen, um strategische Ziele zu erreichen.
Weiß hat einen kleinen Raumvorteil, aber die schwarze Stellung ist solide, und wenn er Zeit findet, sie mit Zügen wie . . . De7 und . . . Te8 zu festigen, hätte er nichts zu befürchten. Botwinniks Aufgabe bestand daher darin, die Stellung von Schwarz zu erschüttern, bevor sie befestigt werden konnte. 14. 0-0 ist kein schlechter Zug und stellt eine Falle, da der Versuch, mit 14 . . . Sxd5 einen Bauern zu gewinnen, nach 15. Sxf7! bestraft wird. Aber nach 14. 0-0 kann Schwarz in aller Ruhe 14 . . . De7 spielen, ohne vor besondere Probleme gestellt zu werden. Nach 14. Sg-e4 kann Schwarz frohen Herzens das Läuferpaar mit 14 . . . Sxe4 15. Sxe4 f5 16. Sxd6 cxd6 aufgeben. Die weißen Läufer hätten dann wenig Bewegungsfreiheit. Botwinnik spielte das Scheinopfer 14. Se6, wonach die Partie so fortgesetzt wurde: 14 . . . fxe6 (14 . . . Lxe6 15. dxe6 fxe6 16. Lxe6+ führt zu einer ähnlichen Stellung) 15. dxe6 Kh8 (natürlich darf sich der Läufer angesichts 16. e7+ und Damengewinn nicht von d7 fortwagen) 16. exd7 Dxd7. Weiß hat kein Material gewonnen (mit Ausnahme des Läuferpaares), aber er hat die strategischen Eigenschaften der Stellung verwandelt, indem er Schwarz schwache weiße Felder beschert hat. Im weiteren Verlauf der Partie war Botwinnik in seinem Element, als er diese Schwächen ausnutzte.

42 Gipslis – Botwinnik **

UdSSR-Vereinsmeisterschaft, Spartakiade 1963
Moderne Verteidigung

1.	e4	g6
2.	d4	Lg7
3.	Sf3	d6
4.	Lc4	Sf6
5.	De2	c6
6.	Lb3	0-0
7.	0-0	a5
8.	a4	Lg4
9.	Sb-d2	d5
10.	e5	Sf-d7
11.	h3	Lxf3
12.	Sxf3	e6
13.	Lg5	Db6
14.	Ta3	c5
15.	c4	dxc4
16.	Lxc4	cxd4
17.	Le7	Tc8
18.	Ld6	Sc6
19.	Tb3	Sb4
20.	Sg5	*
21.	Dxc4	Sxe5
22.	Lxe5	Lxe5
23.	Tf3	Tf8
24.	Td1	Lg7
25.	Se4	e5
26.	g4	h6
27.	Tc1	Dd8
28.	Dc7	Dd5
29.	Sf6+	Lxf6
30.	Txf6	Sd3
31.	Dc4	De4
32.	Dc2	Kg7
	Weiß gibt auf	

* siehe Stellungsbild

Stellung nach 20. Sg5
Schwarz am Zug

In dieser Stellung scheint Weiß mehr als genug Ausgleich für seinen geopferten Bauern zu haben: der schwarze Mehrbauer auf d4 kränkelt; Weiß besitzt das mächtige Läuferpaar, seine Figuren sind aggressiv plaziert und warten darauf, eine Reihe taktischer Drohungen in die Tat umzusetzen. Aber Botwinnik hatte diese Stellung bereits vor vielen Zügen vorausgesehen und war ganz zufrieden mit ihr.
20 . . . h6 wäre ein Fehler wegen 21. Sxe6! Wenn Schwarz versucht, seinen e-Bauern mit 20 . . . Te8 oder 20 . . . Sf8 zu stützen, wird statt dessen sein f-Bauer schwach. Dann wäre 21. Tf3 ein sehr starker Zug.
Botwinnik spielte 20 . . . Txc4, und nach 21. Dxc4 Sxe5 war die Stellung plötzlich verwandelt. Schwarz hat zwei Bauern für die Qualität erhalten, und die Drohungen von Weiß haben sich in Luft aufgelöst. Gipslis hätte sich jetzt mit 22. Dc5 aus der Schlinge ziehen können, wobei er nach dem Damenaustausch gute Chancen gehabt hätte, das Endspiel remis zu halten. Statt dessen spielte er übermäßig ehrgeizig 22. Lxe5 und ging bereits im Mittelspiel mit fliegenden Fahnen unter.
Die meisten Spieler würden in der obigen Stellung 20 . . . Txc4 schon einfach aus dem Grunde spielen, weil die Alternativen so unansehnlich sind. Bei Botwinniks Spiel beeindruckt, daß er vorausgesehen hatte, daß Txc4 nicht nur nötig, sondern auch gut war. Botwinnik war der führende Vertreter der sowjetischen Schachschule, die in den Jahren unmittelbar bevor und nach dem Zweiten Weltkrieg die Ansicht vertrat, daß positionelle Qualitätsopfer oft gerechtfertigt sind.

43 Petrosjan – Botwinnik **

1. Partie um die Weltmeisterschaft 1963

Nimzo-Indisch

1.	d4	Sf6	21.	Dd2	*
2.	c4	e6	22.	Ta-d1	Sh5
3.	Sc3	Lb4	23.	Tc1	Dd6
4.	Dc2	d5	24.	Tc3	Sg3
5.	cxd5	exd5	25.	Kg1	Sh5
6.	Lg5	h6	26.	Ld1	Te6
7.	Lxf6	Dxf6	27.	Df2	De7
8.	a3	Lxc3+	28.	Lb3	g5
9.	Dxc3	c6	29.	Ld1	Lg6
10.	e3	0-0	30.	g4	hxg4 e. p.
11.	Se2	Te8	31.	Sxg3	Sf4
12.	Sg3	g6	32.	Dh2	c5
13.	f3	h5	33.	Dd2	c4
14.	Le2	Sd7	34.	La4	b5
15.	Kf2	h4	35.	Lc2	Sxh3+
16.	Sf1	Sf8	36.	Kf1	Df6
17.	Sd2	Te7	37.	Kg2	Sf4+
18.	Th-e1	Lf5	38.	exf4	Txe1
19.	h3	Ta-e8	39.	fxg5	De6
20.	Sf1	Se6	40.	f4	Te2+
			Weiß gibt auf		

* siehe Stellungsbild

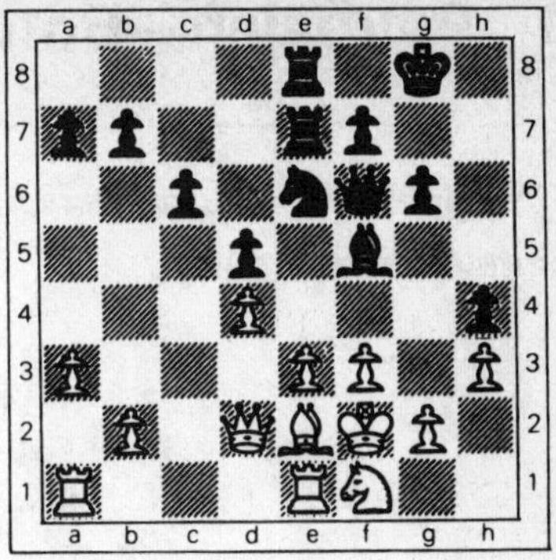

Stellung nach 21. Dd2
Schwarz am Zug

Die Kommentare zu den Partien vermitteln oft (besonders wenn sie vom Gewinner stammen!) den falschen Eindruck, daß der Sieger makellos spielte, während die Fehler nur von seinem Gegner gemacht wurden. Botwinnik ging allerdings nicht in diese Falle, als er die vorliegende Partie kommentierte. Er war objektiv genug zuzugeben, daß er, nachdem er seinen Gegner in der Anfangsphase der Partie an die Wand gespielt hatte, seine Siegchancen an einem entscheidenden Punkt der Partie aufs Spiel setzte und am Ende nur auf Grund eines Fehlers seines Gegners gewann.
In der abgebildeten Stellung steht Schwarz gut genug. Seine Figuren sind besser koordiniert, und er drückt auf den weißen Königsflügel, während der schwarze Bauer h4 ein unangenehmer Dorn im weißen Fleisch ist. Weiß könnte auf Gegenspiel auf dem Damenflügel mit Hilfe eines Minderheitenangriffs rechnen (b4 und b5), aber wenn Schwarz genau spielt, sollte dafür keine Zeit bleiben. Botwinnik mußte sich entscheiden, ob er mit 21 . . . Sg7 weiter manövrieren oder mit 21 . . . Sg5 den weißen Königsflügel sofort angreifen sollte. Botwinnik wählte tatsächlich den minderwertigen Zug 21 . . . Sg7 und gewann nur wegen eines späteren Fehlers von Weiß, nämlich 30. g4, Botwinnik führte aus, daß er 21 . . . Sg5 mit den folgenden Abspielen hätte ziehen sollen:
(1) 22. Dd1 Lxh3 23. gxh3 Se4+ 24. Kg2 Dg5+ 25. Kh2 Sf2 26. Dd2 Txe3 27. Ld1 Df4+ 28. Kg2 Sxd1 29. Taxd1 Dxf3+ 30. Kg1 Te2 31. Txe2 Txe2 32. Dg5 Df2+ 33. Kh1 Txb2, und Schwarz gewinnt; oder
(2) 22. Kg1 Lxh3 23. gxh3 Sxh3+ 24. Kh1 (falls 24. Kh2, dann 24 . . . Txe3 25. Sxe3 Df4+ 26. Kh1 Sf2+ 27. Kg1 Dg3+ 28. Kf1 Sh3 29. Ld1 Dg1+ 30. Ke2 Sf4 matt) 24 . . . Dg5 25. Kh2 Dg1+ 26. Kxh3 Txe3.
Botwinnik schreibt mit charakteristischer Zurückhaltung: «Es war schwierig zu sehen, daß Weiß trotz seiner beiden Mehrfiguren hilflos ist und keinen einzigen befriedigenden Zug mehr hat.» Wie so oft, bestand die Schwierigkeit nicht in der Berechnung der erzwungenen Abspiele, sondern in der Bewertung der sich daraus ergebenden Stellungen.

44 Petrosjan – Botwinnik **

5. Partie um die Weltmeisterschaft 1963

Grünfeld-Verteidigung

1.	c4	g6	17.	Sxe4	b6	33.	Sxc3	Th1
2.	d4	Sf6	18.	Tb1	Sb4	34.	Se4	Txh2
3.	Sc3	d5	19.	Ld2	Sd5	35.	Kd4	Kd7
4.	Sf3	Lg7	20.	a4	Tc8	36.	g3	Lb4
5.	e3	0-0	21.	b3	Lf8	37.	Ke5	Th5+
6.	Le2	dxc4	22.	Tc1	Le7	38.	Kf6	Le7+
7.	Lxc4	c5	23.	b4	c4	39.	Kg7	e5
8.	d5	e6	24.	b5	Kf7	40.	Tc6	Th1
9.	dxe6	Dxd1+	25.	Lc3	La3	41.	Kf7	Ta1
10.	Kxd1	Lxe6	26.	Tc2	Sxc3+	42.	Te6	Ld8
11.	Lxe6	fxe6	27.	Txc3	Lb4	43.	Td6+	Kc8
12.	Ke2	Sc6	28.	Tc2	Ke7	44.	Ke8	Lc7
13.	Td1	Ta-d8	29.	Sd2	c3	45.	Tc6	Td1
14.	Txd8	Txd8	30.	Se4	La5	46.	Sg5	Td8+
15.	*	Te8	31.	Kd3	Td8+	47.	Kf7	Td7+
16.	Sg-e4	Sxe4	32.	Kc4	Td1	48.	Kg8	Schwarz gibt auf

* siehe Stellungsbild

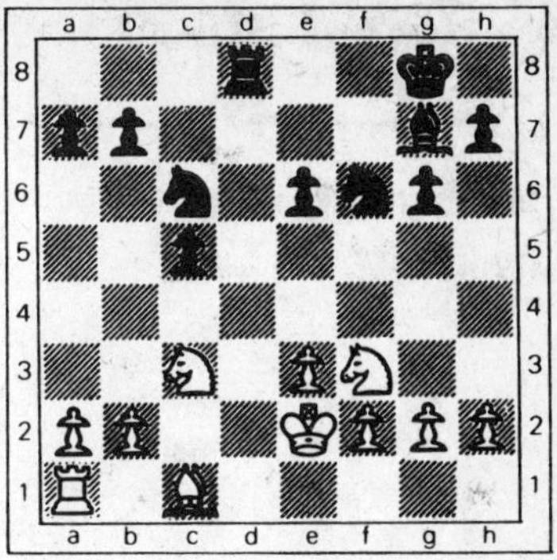

Stellung nach 14 . . . Txd8
Weiß am Zug

Auf den ersten Blick könnte man diese Stellung für langweilig halten. Mit dieser Meinung stünde man nicht alleine da. Der frühere Weltmeister merkte zu dieser Stellung an, daß die Spieler durch den frühen Damentausch den besten Teil der Partie versäumt hätten. Aber Petrosjan war nicht gelangweilt. Er hatte genau die Stellung erreicht, die er auf Grund einer Analyse vor der Partie erreichen wollte. Er hatte bemerkt, daß die Stellung, auch wenn sie ausgeglichen erscheint, doch unbalanciert ist. Schwarz hat den einen Vorteil eines zeitweiligen Entwicklungsvorsprungs und der Bauernmehrheit auf dem Damenflügel, auf der anderen Seite hat Weiß den Vorteil des schwarzen Isolani e6. Petrosjans Ziel bestand demnach darin, die Schwäche von Schwarz auszunutzen und gleichzeitig Schwarz an der Ausbeutung seiner Stärken zu hindern. Wie hat er das gemacht?

15. b3 mit der Absicht 16. Lb2 und 17. Tc1 oder 17. Td1 sieht wie ein vernünftiger Weg zur Vervollständigung der weißen Entwicklung aus, leidet aber an einem taktischen Makel. Schwarz spielt nämlich 16 . . . Se4 und gewinnt angesichts der Schwäche der schwarzfeldrigen langen Diagonalen die Qualität.

15. Tb1 zur Vorbereitung von 16. b3 und 15. Ld2 setzen beide die Entwicklung sinnvoll fort. Die meisten Spieler würden sich wahrscheinlich für einen dieser beiden Routinezüge entscheiden, wonach die Partie wahrscheinlich remis endet. Aber Petrosjan fand etwas besseres! Er spielte 15. Sg5! Das sieht zwecklos aus, da Schwarz seinen e-Bauern leicht decken kann (was er in der Partie auch mit 15 . . . Te8 tat). Aber in Wirklichkeit zielte der weiße Springer auf das ideale Zentralfeld e4, von wo aus er für den Rest der Partie das Spiel dominierte. Dies verdeutlicht eine wichtige Regel über isolierte Bauern. Solche Bauern können nicht nur deshalb eine Behinderung sein, weil sie aus sich heraus schwach sind (sie können nicht von anderen Bauern gedeckt werden), sondern auch, weil die Felder vor ihnen schwach sind und unangreifbare Vorposten für gegnerische Einheiten abgeben. Selbst nach 15. Sg5! hätte die Partie bei genauem Spiel natürlich remis enden sollen. Aber nachdem Petrosjan mit seinem fünfzehnten Zug zu erkennen gegeben hatte, daß er die Stellung positiv angehen wollte, machte er sich daran, seinen Gegner zu überspielen. Mit Hilfe des «unsterblichen Springers» e4 gewann Petrosjan in 48 Zügen.

45 Tal – Larsen *****

10. Wettkampfpartie 1965
Sizilianisch

1.	e4	c5	20.	Lxf5	Txf5
2.	Sf3	Sc6	21.	Txe7	Se5
3.	d4	cxd4	22.	De4	Df8
4.	Sxd4	e6	23.	fxe5	Tf4
5.	Sc3	d6	24.	De3	Tf3
6.	Le3	Sf6	25.	De2	Dxe7
7.	f4	Le7	26.	Dxf3	dxe5
8.	Df3	0-0	27.	Te1	Td8
9.	0-0-0	Dc7	28.	Txe5	Dd6
10.	Sd-b5	Db8	29.	Df4	Tf8
11.	g4	a6	30.	De4	b3
12.	Sd4	Sxd4	31.	axb3	Tf1+
13.	Lxd4	b5	32.	Kd2	Db4+
14.	g5	Sd7	33.	c3	Dd6
15.	Ld3	b4	34.	Lc5	Dxc5
16.	*	exd5	35.	Te8+	Tf8
17.	exd5	f5	36.	De6+	Kh8
18.	Td-e1	Tf7	37.	Df7	Schwarz gibt auf
19.	h4	Lb7			

* siehe Stellungsbild

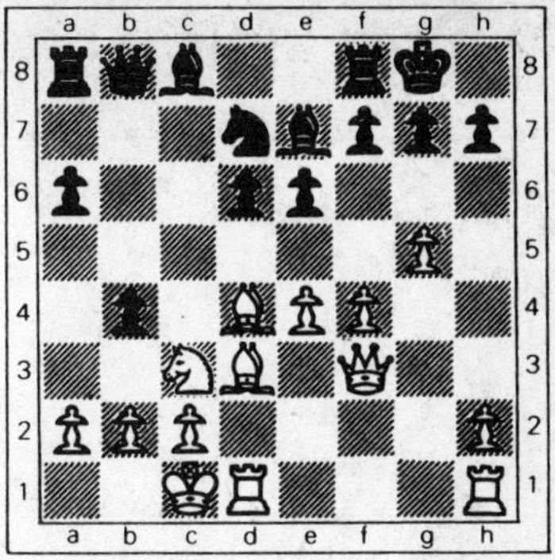

Stellung nach 15 . . . b4
Weiß am Zug

Tal ist als einer der besten Denker der Welt bekannt, aber vielleicht besteht sein größtes Talent nicht darin, zu rechnen, sondern darin zu wissen, wann eine ins einzelne gehende Berechnung notwendig ist. Mehr als jeder andere Spieler opfert er bereitwillig Material auf Grund allgemeiner Prinzipien und verläßt sich darauf, die Einzelheiten im Laufe der nächsten Züge zu berechnen, falls das notwendig ist.

Das Diagramm zeigt eine typische Stellung der Sizilianischen Verteidigung, in der Angriffe auf gegenüberliegenden Flügeln vorbereitet werden. Die Figuren von Weiß sind aggressiver plaziert, aber die schwarze Position ist nicht aussichtslos, und Larsen war wahrscheinlich ganz zufrieden mit ihr. Der weiße Springer c3 ist angegriffen, und nach dem auf der Hand liegenden Rückzug 16. Se2 wäre Larsens Optimismus wohl gerechtfertigt gewesen. Schwarz setzt mit 16 . . . e5 fort, und nach 17. Le3 (nicht 17. fxe5 Lxg5+) 17 . . . fxe5 18. Lxf4 Se5 erwachen die schwarzen Figuren zum Leben.

Tal zog völlig überraschend 16. Sd5. Natürlich hat man im Sizilianer schon öfter Springeropfer mit Sd5 gesehen, aber nur dann, wenn der schwarze König im Zentrum festsaß und Weiß einen sofortigen Angriff über die e-Linie erhielt. Aber in der vorliegenden Stellung kann nach 16 . . . exd5 17. exd5 die einzige weiße Drohung 18. De4 leicht pariert werden. Das Opfer ist nur auf Grund allgemeiner Prinzipien zu rechtfertigen. Weiß erstickt das schwarze Gegenspiel durch die Unterbindung des Befreiungszuges . . . e5, und es wird Schwarz sehr schwerfallen, einen wirksamen Widerstand gegen die langfristigen Drohungen von Weiß auf dem Königsflügel zu organisieren.

Nach der Partie wurde die Stellung erschöpfend analysiert, und die einzige Schlußfolgerung, die man erreichte, war, daß das Opfer wahrscheinlich korrekt war. Während der Partie konnte Tal unmöglich alle Varianten durchgerechnet haben, aber er schätzte richtig ein, daß das gar nicht notwendig war. Die Abwehraufgaben für Schwarz erwiesen sich, zumindest in der Praxis, als unlösbar.

46 Botwinnik – Portisch *****

Monte Carlo 1968

Englisch

1.	c4	e5	14.	Tc2	Lf8
2.	Sc3	Sf6	15.	Ta-c1	Sb8
3.	g3	d5	16.	Txc7	Lc6
4.	cxd5	Sxd5	17.	T1xc6	bxc6
5.	Lg2	Le6	18.	*	h6
6.	Sf3	Sc6	19.	Tb7	Dc8
7.	0-0	Sb6	20.	Dc4+	Kh8
8.	d3	Le7	21.	Sh4	Dxb7
9.	a3	a5	22.	Sg6+	Kh7
10.	Le3	0-0	23.	Le4	Ld6
11.	Sa4	Sxa4	24.	Sxe5+	g6
12.	Dxa4	Ld5	25.	Lxg6+	Kg7
13.	Tf-c1	Te8	26.	Lxh6+	Schwarz gibt auf

* siehe Stellungsbild

Stellung nach 17 . . . bxc6
Weiß am Zug

«Ich bin vielleicht ein alter Mann, aber wenn mir jemand den Finger in den Mund steckt, kann ich immer noch zubeißen!» Dieser berühmte Ausspruch von Steinitz könnte sich genausogut auf die Leistung des siebenundfünfzigjährigen Botwinnik in dieser Partie beziehen. Obwohl er in erster Linie als tiefgründiger Stratege bekannt ist, zeigt er, daß ihm Taktiken nicht gänzlich fremd sind.

In der Stellung hat Botwinnik soeben die Qualität gegen einen Bauern geopfert. Das war der einfachste Teil der Kombination, und es ist unschwer zu sehen, daß Weiß ausreichend Ausgleich in der Form schwacher schwarzer Bauern und aktiverem Figurenspiel hat. Man könnte nun annehmen, daß Botwinnik dem Opfer eine klassische positionelle Ausbeutung dieser Vorteile folgen ließ, aber Botwinnik hatte Höheres im Auge.

Der weiße Turm c7 ist angegriffen. Der Versuch, ihn mit 18. Lb6 zu verteidigen, wäre ein Fehler, da nach 18 . . . Ta6 oder 18 . . . Sd7 die weißen Figuren überlastet werden. Mit 18. Tb7 würde man das Opfer von Weiß positionell rechtfertigen. Weiß stände dann gut, müßte aber für einen Sieg immer noch hart arbeiten.

Botwinnik zog überraschend 18. Txf7. Jetzt folgt auf 18 . . . Kxf7 19. Dc4+, und Schwarz ist erstaunlich hilflos, z. B. (1) 19 . . . Dd5 20. Sg5+ mit Damengewinn, oder (2) 19 . . . Ke7 bzw. 19 . . . Ke6 20. Lg5+, wiederum mit Damengewinn, oder (3) 19 . . . Te6 20. Sg5+ mit Rückeroberung des Turmes und mehr Material in Aussicht, oder (4) 19 . . . Kg6 20. Dg4+ Kf7 21. Sg5+ Kf6 22. Se4+ Kf7 23. Df5+ Kg8 24. Sg5 und Gewinn für Weiß. In diesen Varianten bleibt Schwarz auf irgendeine Weise weiterhin auf weißen und schwarzen Feldern schwach.

Portisch leistete noch mit 18 . . . h6 Widerstand, aber nach 19. Tb7 Dc8 20. Dc4+ Kh8 wurde er das Opfer eines erneuten Feuerwerks: 21. Sh4 Dxb7 (Schwarz bleibt nun nichts anderes übrig, als die Todessehnsucht des weißen Turms zu befriedigen) 22. Sg6+ Kh7 23. Le4 Ld6 24. Sxe5+ g6 25. Lxg6+ Kg7 26. Lxh6+, und Schwarz gab auf.

47 Spasski – Kortschnoj ***

7. Wettkampfpartie 1968
Königsindisch

1.	d4	Sf6	19.	Dxc4	Lf8
2.	c4	g6	20.	h5	dxc5
3.	Sc3	Lg7	21.	hxg6	hxg6
4.	e4	d6	22.	De6	Td8
5.	f3	0-0	23.	Txd8	Dxd8
6.	Le3	Sc6	24.	Td1	De7
7.	Sg-e2	a6	25.	Dxc6	Sc7
8.	Sc1	e5	26.	Db6	Kg7
9.	d5	Sd4	27.	Sd5	De6
10.	Sb3	Sxb3	28.	Lxc5	Lxc5
11.	Dxb3	c6	29.	Dxc5	Sb5
12.	dxc6	bxc6	30.	De3	Dc6+
13.	0-0-0	Le6	31.	Kb1	Sd4
14.	Da3	Se8	32.	Tc1	Db5
15.	h4	f6	33.	Sc7	De2
16.	*	Tf7	34.	Se6+	Kh7
17.	Da4	Dc7	35.	Dh6+	Schwarz gibt auf
18.	Lc4	Lxc4			

* siehe Stellungsbild

Die Drohung wirkt stärker als ihre Ausführung.

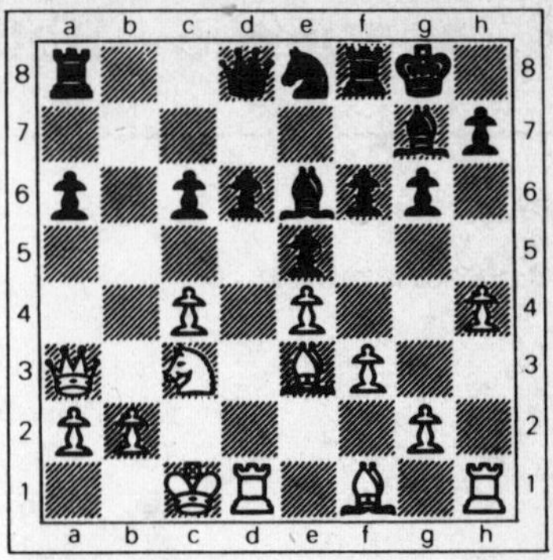

Stellung nach 15 . . . f6
Weiß am Zug

Vielleicht sollte man diesen Ausspruch mit Vorbehalt genießen, denn praktische Schachspieler wissen, daß man zuschlägt, wenn sich die Gelegenheit ergibt, Material zu gewinnen – es könnte sonst zu spät sein. Und dennoch könnte ein Körnchen Wahrheit in diesem Satz stecken.
In dem Diagramm steht Weiß hauptsächlich wegen des schwachen Bauern e6 gut. Er hat die erfreuliche Auswahl zwischen der direkten Eroberung dieses Bauern durch 16. Lc5 oder einem weiteren Anziehen dieser positionellen Daumenschraube durch 16. c5. Sollte er versuchen, den Bauern sofort zu gewinnen oder nicht?
16. Lc5 ist sicherlich kein schlechter Zug. Schwarz müßte seinen d-Bauern aufgeben, da keines der Opfer 16 . . . d5 17. Lxf8 oder 16 . . . dxc5 17. Txd8 ausreichenden Ausgleich verspricht. Nach der für Schwarz besten Fortsetzung 16 . . . De7 17. Lxd6 Sxd6 18. Dxd6 Df7 erhält Schwarz einigen Ausgleich für den Bauern, den er loszuwerden gezwungen war, in Gestalt von Angriffsmöglichkeiten gegen den weißen König. Dieser Ausgleich ist allerdings den Bauern nicht wert, und daher muß 16. Lc5 ein sehr verlockender Zug sein.
Aber Spasski war umsichtiger und spielte 16. c5. Die taktische Rechtfertigung für diesen Zug ist, daß 16 . . . d5 einen Bauern unter ungünstigen Umständen verliert: 17. exd5 cxd5 18. Sxd5 Lxd5 10. Lc4 Sc7 20. Db3 Tb8 21. Lxd5 **Schach**. Inzwischen droht Weiß einfach 17. cxd5. Die Partie wurde dann fortgesetzt: 16 . . . Tf7 17. Da4 (wiederum stärker, als den Bauern zu schlagen, da Schwarz 17 . . . Td7, gefolgt von 18 . . . Lf8, spielen kann) 17 . . . Dc7 18. Lc4 Lxc4 19. Dxc4 Lf8 20. h5. Durch den Abtausch der weißfeldrigen Läufer schwächt Weiß den schwarzen Königsflügel und war dann in der Lage, seinen Angriff durchzusetzen.
Die Wahl zwischen 16. Lc5 und 16. c5 war in gewisser Weise eine Frage des Geschmacks. Spasskis Entscheidung beruhte auf der Absicht, die Spannung zu erhalten und seine Angriffsinitiative zu bewahren, selbst wenn das bedeutete, auf einen Materialgewinn zu verzichten.

48 Matulović – Botwinnik **

Belgrad 1969

Pirc-Verteidigung

1.	e4	g6	18.	Sxe6	Txe6	35.	Sb2	Le5
2.	d4	Lg7	19.	f3	Sd6	36.	Sc4	Kf8
3.	Sf3	d6	20.	Sd3	Te7	37.	Kg1	Th7
4.	Sc3	Sf6	21.	Te1	h5	38.	Lf1	Ke7
5.	Le2	0-0	22.	g4	hxg4	39.	Sxe5	fxe5
6.	0-0	Sc6	23.	hxg4	g5	40.	Lc4	Kd6
7.	h3	e5	24.	b3	Sb5	41.	Kg2	Th6
8.	dxe5	dxe5	25.	Te2	Le5	42.	Lf7	Kc5
9.	Dxd8	Txd8	26.	a4	Sc3	43.	Le8	Kb4
10.	Lg5	Le6	27.	Td2	Ld6	44.	Ld7	Sb1
11.	Tf-d1	h6	28.	Lg2	c6	45.	Td3	Sa3
12.	Le3	*	29.	a5	a6	46.	f4	Sxc2
13.	Se1	Sd4	30.	Kf2	Kg7	47.	Kg1	gxf4
14.	Lf1	Td7	31.	Th1	f6	48.	Lf5	Se3
15.	Se2	Ta-d8	32.	Th5	Th8	49.	g5	Th5
16.	Lxd4	exd4	33.	Txh8	Kxh8	Weiß gibt auf		
17.	Sf4	Te7	34.	Kf1	Kg7			

* siehe Stellungsbild

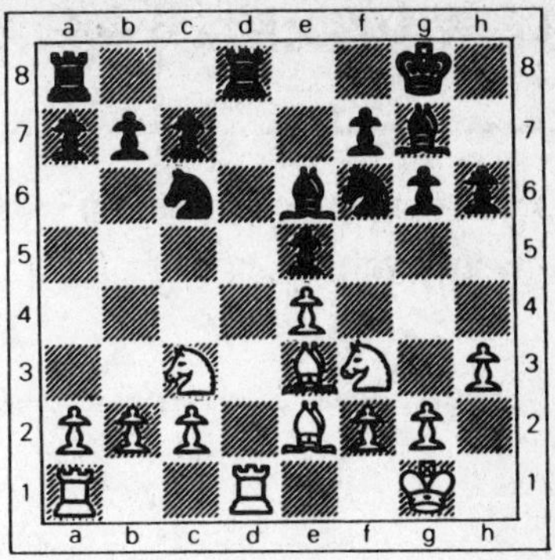

Stellung nach 12. Le3
Schwarz am Zug

Es ist nicht leicht, mit den schwarzen Figuren gegen einen friedfertigen Gegner zu gewinnen. In den meisten Eröffnungen hat Weiß die Möglichkeit, die Partie bereits früh zu vereinfachen und die Aussichten auf ein Remis zu erhöhen. Milan Matulović kann aggressiv spielen, wenn er Lust dazu verspürt, aber in der vorliegenden Partie gegen den früheren Weltmeister Botwinnik gab er durch den Damentausch im neunten Zug zu verstehen, daß er nicht zum Kämpfen aufgelegt war. In der abgebildeten Stellung würden die meisten Spieler an ein frühes Remis denken. Die Damen sind abgetauscht, und die Stellung ist fast symmetrisch. Fast symmetrisch – nicht ganz. Es gibt einen bedeutsamen Unterschied: der weiße Königsläufer steht auf e2, während der schwarze auf g7 postiert ist. Dieser Unterschied scheint Weiß zu begünstigen, da sein Läufer nicht von Bauern behindert ist. Aber Botwinnik konnte zeigen, daß in Wirklichkeit der schwarze Läufer wirksamer plaziert war.

Schwarz hätte schnurstracks auf ein Remis zumarschieren können mit 12 . . . Txd1+ 13. Txd1 Td8, wenn Weiß den Bauern mit 14. Txd8+ Sxd8 15. Lxa7 nicht gewinnen darf, da 15 . . . a6 den Läufer einsperrt. Aber Botwinnik war nicht willens, sich leicht mit einem Remis zufriedenzugeben.

Botwinnik zeigte mit 12 . . . Se8 den Unterschied zwischen der weißen und der schwarzen Stellung auf. Nach der Demaskierung des Läufers g7 droht Schwarz mit . . . Sd4. Weiß wird auf der anderen Seite kaum in die Lage kommen, Sd5 zu spielen. Wenn er z. B. sofort 13. Sd5 zieht, antwortet Schwarz mit 13 . . . Lxd5, gefolgt von . . . Sb4.

Die Partie wurde so fortgesetzt: 13. Se1 Sd4 14. Lf1 Td7 15. Se2 Ta-d8 16. Lxd4 (der schwarze Bauer d4 wird einen einengenden Einfluß auf die weiße Stellung ausüben, aber die Alternative, den Springer unwidersprochen auf dem aggressiven Feld d4 stehen zu lassen, ist noch unerfreulicher. Auf den unvorsichtigen Zug 16. c3? folgt 16 . . . Sf3+ mit Qualitätsgewinn) 16 . . . exd4 17. Sf4. Die schwarze Stellung ist noch nicht gewonnen, aber die Saat des Sieges ist bereits gesät, und die Früchte werden im 49. Zug geerntet werden.

49 Kortschnoj – Fischer **

Fünfminutenpartie, Herceg Novi 1970
Königsindisch

1.	d4	Sf6	17.	Sb3	Tg6
2.	c4	g6	18.	Ld2	Sf6
3.	Sc3	Lg7	19.	Kh1	g4
4.	e4	d6	20.	fxg4	Sxg4
5.	Le2	0-0	21.	Tf3	Th6
6.	Sf3	e5	22.	h3	Sg6
7.	0-0	Sc6	23.	Kg1	Sf6
8.	d5	Se7	24.	Le1	*
9.	Sd2	c5	25.	Td3	Sf7
10.	a3	Se8	26.	Lf3	Sg5
11.	b4	b6	27.	De2	Tg6
12.	Tb1	f5	28.	Kf1	Sxh3
13.	f3	f4	29.	gxh3	Lxh3+
14.	a4	g5	30.	Kf2	Sg4+
15.	a5	Tf6	31.	Lxg4	Lxg4
16.	bxc5	bxc5	Weiß gibt auf		

* siehe Stellungsbild

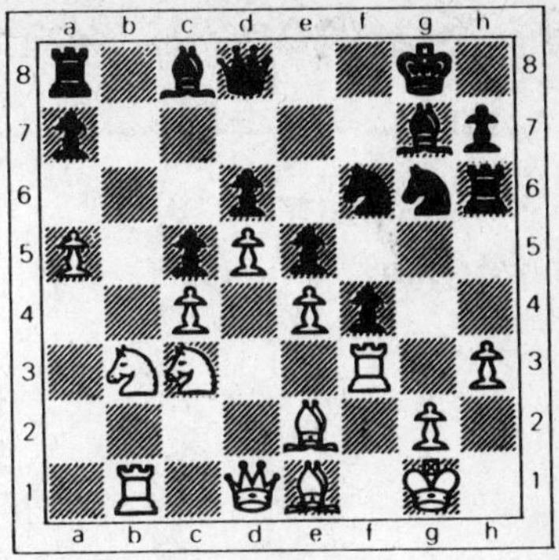

Stellung nach 24. Le1
Schwarz am Zug

Problemstudien wurden als die Dichtkunst des Schachspiels beschrieben. Vielleicht sollten die Fünfminutenpartien (in denen jedem Spieler für alle seine Züge insgesamt nur fünf Minuten zur Verfügung stehen) als seine Gassensprache bezeichnet werden. Was ihnen an Korrektheit fehlt, machen sie durch erfrischende Tatkraft wett. Die meisten dieser Partien verblühen außerhalb des Sichtkreises des Schachpublikums. Hier ist eine, die durch den Unternehmungsgeist eines Zuschauers davor bewahrt wurde, ihre süßen Düfte in mitternächtlicher Luft zu verschwenden.
Das Diagramm zeigt ein gutes Beispiel dafür, was in der klassischen Königsindischen Verteidigung für Weiß schieflaufen kann. Der weiße Angriff auf dem Damenflügel hat wenig erreicht, und er muß sich um die sich abzeichnenden Drohungen auf dem Königsflügel kümmern. Aber wie kann Schwarz einen konkreten Vorteil herausspielen? Am naheliegendsten ist, die schwarzen Springer in den Angriff einzufädeln, da auf beengtem Raum Springer am wirkungsvollsten sind, während die schwarzen Läufer c8, Dame d8 und Th6 sich erst einmal damit zufriedengeben, den König aus der Ferne zu belauern.
24 . . . Sh4 erlaubt Weiß, seine Probleme durch 25. Lxh4 zu lösen. Abtausche nützen gewöhnlich dem Verteidiger.
24 . . . Sh5, mit dem Plan . . . Dg5 und . . . Sg3, sieht natürlich aus, aber Weiß steht die ärgerliche Antwort 25. Td3 Dg5 (die einzige konsistente Fortsetzung) 26. Sb5 zur Verfügung, und Weiß erhält angesichts seiner Drohungen Sxd6 oder Sc7, gefolgt von Se6, Gegenspiel.
Fischer fand den Zug 24 . . . Sh8!! Die Pointe dieses strategischen Rückzugs ist, daß Weiß den Springer nicht daran hindern kann, mit g5 vernichtende Wirkung zu erreichen. Nach diesem herrlichen Angriffsrückzug währte die Partie nur noch sieben Züge. Man vergleiche dies mit der Partie Nimzowitsch–Rubinstein (Seite 56).

50 Fischer – Larsen ***

1. Wettkampfpartie 1971
Französisch

1.	e4	e6	22.	Dd4	Kg6
2.	d4	d5	23.	Txe5	Dxe5
3.	Sc3	Lb4	24.	Dxd7	Ta-d8
4.	e5	Se7	25.	Dxb7	De3+
5.	a3	Lxc3+	26.	Kf1	Td2
6.	bxc3	c5	27.	Dc6+	Te6
7.	a4	Sb-c6	28.	Lc5	Tf2+
8.	Sf3	Ld7	29.	Kg1	Txg2+
9.	Ld3	Dc7	30.	Kxg2	Dd2+
10.	0-0	c4	31.	Kh1	Txc6
11.	Le2	f6	32.	Lxc6	Dxc3
12.	Te1	Sg6	33.	Tg1+	Kf6
13.	La3	fxe5	34.	Lxa7	g5
14.	dxe5	Scxe5	35.	Lb6	Dxc2
15.	Sxe5	Sxe5	36.	a5	Db2
16.	*	Sg6	37.	Ld8+	Ke6
17.	Lh5	Kf7	38.	a6	Da3
18.	f4	Th-e8	39.	Lb7	Dc5
19.	f5	exf5	40.	Tb1	c3
20.	Dxd5+	Kf6	41.	Lb6	Schwarz gibt auf
21.	Lf3	Se5			

* siehe Stellungsbild

Stellung nach 15 . . . Sxe5
Weiß am Zug

Die Winawer-Variante der Französischen Verteidigung ist eine kompromißlose Eröffnung. Bereits im dritten Zug gibt Schwarz zu verstehen, daß er bereit ist, sein Läuferpaar aufzugeben, um die weißen Damenflügelbauern zu schwächen. Obwohl (oder vielleicht weil) Fischer von dieser Variante wenig hielt, geriet er gegen sie oft in Schwierigkeiten. 1970 erlitt er in Zagreb eine besonders spektakuläre Niederlage gegen einen relativ unbekannten jugoslawischen Meister mit Namen Kovacević, der diese Variante spielte. Vielleicht von diesem Sieg angespornt, erreichte Kovacević später Großmeisterrang. Die vorliegende Partie zeigt, daß sich Fischer seitdem mit der Variante beschäftigt hatte.

Weiß hat eindeutig auf Grund vorheriger Analysen einen Bauern geopfert. Zum Ausgleich für seinen Bauern hat er die Stellung für sein Läuferpaar geöffnet und hat einige Angriffsmöglichkeiten gegen den schwarzen König. Weiß hat genug, aber nicht mehr als genug Ausgleich für seinen Bauern. Fischer mußte daher nicht einen Zug finden, der seinen Gegner sofort in die Knie zwingt, sondern er mußte einen Weg finden, der die Verteidigungsaufgaben seines Gegners möglichst erschwerte.

16. f4 sieht aggressiv aus, aber nach 16 . . . Sf7 17. f5 0-0-0 fällt es Weiß schwer, seinen Angriff weiterzuführen, z. B. 18. fxe5 Lxe6 19. Dd4 Kb8, und jetzt würde das Einschlagen 20. Dxg7 die Linien gegen den eigenen König öffnen. 16. Lh5+ erreicht nach 16 . . . g6 17. Dd4 0-0-0 auch nicht mehr.

Fischer machte den zentralisierenden Zug 16. Dd4. Die Dame steht jetzt auf einem idealen Feld. Zusätzlich zu ihren Drohungen im Zentrum hat sie die schwarzen Bauern a7 und g7 ins Auge gefaßt. Sofort droht 17. Lh5+, wobei Fischer 17 . . . g6 mit 18. Txe5 gxh5 19. Txe6+, und 17 . . . Sf7 oder 17 . . . Sg6 mit 18. Dxd5 beantworten will. Schließlich folgt auf 16 . . . 0-0-0 17. Dxa7 und auf 16 . . . Sc6 17. Lh5+! (viel stärker als 17. Dxg7 0-0-0). Larsen fand die korrekte Erwiderung 16 . . . Sg6, und nach 17. Lh5 Kf7 18. f4 entwickelte sich ein komplexes Handgemenge, in dem Fischer seinen Gegner überspielen konnte.

51 Spasski – Fischer **

5. Wettkampfpartie 1972

Nimzo-Indisch

1.	d4	Sf6	15.	0-0	0-0
2.	c4	e6	16.	a4	a5
3.	Sc3	Lb4	17.	Tb1	Ld7
4.	Sf3	c5	18.	Tb2	Tb8
5.	e3	Sc6	19.	Tb-f2	De7
6.	Ld3	Lxc3+	20.	Lc2	g5
7.	bxc3	d6	21.	Ld2	De8
8.	e4	e5	22.	Le1	Dg6
9.	d5	Se7	23.	Dd3	Sh5
10.	Sh4	h6	24.	Txf8+	Txf8
11.	f4	*	25.	Txf8+	Kxf8
12.	Sxg6	fxg6	26.	Ld1	Sf4
13.	fxe5	dxe5	27.	Dc2	Lxa4
14.	Le3	b6	Weiß gibt auf		

* siehe Stellungsbild

Stellung nach 11. f4
Schwarz am Zug

Ein Zeichen eines guten Spielers ist, daß er weiß, wann man eine Regel nicht befolgen sollte. In dieser Partie pfeift Fischer auf zwei wohlbegründete Prinzipien, aber im weiteren Verlauf der Partie zeigt sich, daß seine Entscheidung gute Gründe hatte. Weiß hat soeben den aggressiven Zug 11. f4 gemacht, worauf Schwarz eine ganze Reihe von Antwortzügen zur Verfügung stehen.

Wenn Schwarz zurückhaltend mit 11 . . . 0-0 reagiert, kann Weiß auf zweierlei Art einen Vorteil erspielen: (1) 12. fxe5 dxe5 13. 0-0 mit der Drohung 14. Lxh6 und einem Königsangriff, der auf Zügen wie Sf5 und Df3-g3 fußt; oder (2) 12. f5 zur Vorbereitung eines Bauernsturms auf dem Königsflügel mit g4 und g5.

Auf die optimistische Erwiderung 11 . . . exf4 12. Lxf4 g5 findet sich mit 13. e5 eine überwältigende Antwort.

11 . . . Sd7 ist gar nicht schlecht. 12. fxe5 erlaubt dann dem Springer, nach 12 . . . Sxe5 einen starken Vorposten zu beziehen. Nach 12. f5 könnte Schwarz seinen König auf dem Damenflügel in Sicherheit bringen, aber die schwarze Stellung wäre zu gedrückt für ein komfortables Spiel.

Fischer spielte den paradoxen Zug 11 . . . Sg6, und nach der natürlichen Fortsetzung 12. Sxg6 fxg6 13. fxe5 (13. 0-0 ist wahrscheinlich besser) dxe5 können wir erkennen, wie er die Regeln gebrochen hat. Er hat einen Doppelbauern und einen gedeckten weißen Freibauern auf d5 zugelassen. Diese Entscheidung kann auf Grund folgender Faktoren gerechtfertigt werden: Der Doppelbauer kann nicht angegriffen werden; der weiße d-Bauer kann vorläufig leicht blockiert werden, und der weiße Läufer d3 hat nur geringe Reichweite. Die Stellung war nach 13 . . . dxe5 völlig ausgeglichen, aber im weiteren Verlauf der Partie überspielte Fischer seinen Gegner und gewann.

52 Petrosjan – Schmidt **

Schacholympiade, Skopje 1972
Englisch

1.	c4	Sf6	20.	De3	f6
2.	Sc3	d5	21.	Dxa7	0-0
3.	cxd5	Sxd5	22.	Ta-c1	Tf-e8
4.	g3	g6	23.	Lxe5	Dxe5
5.	Lg2	Sb6	24.	Tg-e1	Ta8
6.	d3	Lg7	25.	Dxc7	De3+
7.	Le3	Sc6	26.	Kg2	Ta7
8.	*	bxc6	27.	Dd6	h4
9.	Dc1	h6	28.	gxh4	Le6
10.	Sf3	Lh3	29.	Tc3	Dh6
11.	Tg1	Lg4	30.	a3	Td7
12.	Sd2	Sd5	31.	Dg3	d4
13.	Sxd5	cxd5	32.	Td3	Lxb3
14.	Sb3	Dd6	33.	Txb3	Dd2
15.	f3	Ld7	34.	Kf1	Kh7
16.	d4	Tb8	35.	Tb8	Te5
17.	Kf2	h5	36.	Dg4	f5
18.	Lf4	e5	37.	Dg5	Te3
19.	dxe5	Lxe5	38.	Df6	Schwarz gibt auf

* siehe Stellungsbild

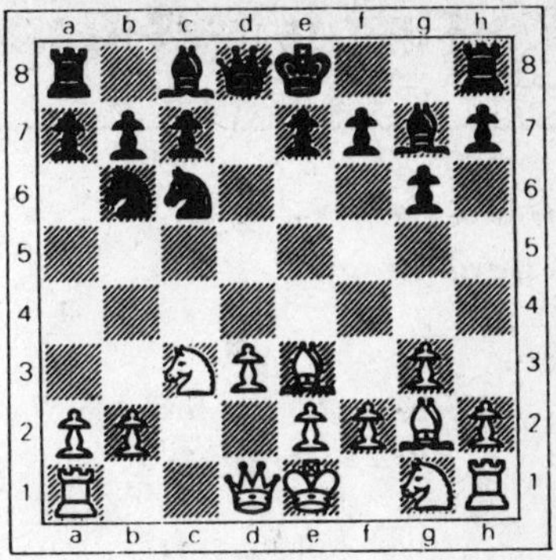

Stellung nach 7 . . . Sc6
Weiß am Zug

Dies scheint eine harmlose Stellung zu sein. Man sollte einige routinemäßige Entwicklungszüge erwarten, bevor der Kampf richtig losgeht, aber Petrosjan hatte ganz richtig erkannt, daß die Partie bereits an einer entscheidenden Stelle angelangt war.
Der natürliche Entwicklungszug 8. Sf3, den die meisten Spieler wählen würden, ist schwer zu kritisieren. Es ist ein guter Zug, aber leider nicht der beste. Der Ratschlag: «Wenn du einen guten Zug gefunden hast, suche einen besseren» bringt die meisten Spieler nur in Zeitschwierigkeiten, aber er kann sich auszahlen. Andere gute, aber eben nicht beste Züge sind 8. Dc1 mit der Absicht, den schwarzen Königsläufer mit 9. Lh6 abzutauschen, und 8. h4 zur Einleitung eines Königsflügelangriffs. Petrosjan spielte 8. Lxc6+. Die meisten Spieler würden diesen Zug instinktiv ablehnen. Haben wir denn nicht gelernt, daß in einer offenen Stellung zwei Läufer besser sind als Läufer und Springer und daß der freiwillige Abtausch eines fianchettierten Läufers ein besonders verwerfliches Verbrechen ist? Das stimmt – aber wir wissen auch, daß Doppelbauern schwach sind. Wenn zwei Prinzipien miteinander im Konflikt stehen, müssen wir uns entscheiden, welches in einer bestimmten Situation wichtiger ist.
Petrosjan urteilte zu Recht, daß die Aufgabe des Läuferpaares ein guter Preis für die Schwächung der schwarzen Bauernstruktur war.
Es ist eine Ironie des Schicksals, daß Petrosjan nur wenige Züge später den Doppelbauern seines Gegners freiwillig auflöste (13. Sxd5). Dabei verwandelte er den Nachteil eines Doppelbauern in die Schwäche eines kränkelnden, zurückgebliebenen c-Bauern von Schwarz. Auch wenn Petrosjan die Partie gewann, ist nicht klar, ob sein zweiter offensichtlicher Regelverstoß korrekt war. Hatte den alten Gauner vielleicht der Hafer gestochen zu zeigen, wie viele Prinzipien er verletzen und immer noch gewinnen konnte?

53 Timman – Nunn ***

London 1975

Moderne Benoni

1.	d4	Sf6	24.	Le3	Ta6
2.	c4	c5	25.	Dg4	g5
3.	d5	e6	26.	h4	h6
4.	Sc3	exd5	27.	hxg5	fxg5
5.	cxd5	d6	28.	d6	Dd8
6.	e4	g6	29.	Td5	b4
7.	Sf3	Lg7	30.	f6	Lxf6
8.	Le2	0-0	31.	Tb5	Lg7
9.	0-0	a6	32.	Txf8+	Sxf8
10.	a4	Lg4	33.	Txb4	Ta1+
11.	Lg5	Sb-d7	34.	Kh2	Da5
12.	Sd2	Lxe2	35.	Lc5	Tf1
13.	Dxe2	Te8	36.	d7	Tf4
14.	f4	Dc7	37.	Dd1	Th4+
15.	Df3	c4	38.	Kg3	Dd8
16.	Kh1	Ta-b8	39.	Dd5+	Kh7
17.	Ta-e1	b5	40.	Tb7	Sg6
18.	axb5	axb5	41.	Ta7	Sf4
19.	*	dxe5	42.	Da8	Dxa8
20.	f5	Tf8	43.	Txa8	Se6
21.	Sd-e4	Tb6	44.	Te8	Sxc5
22.	Td1	Sxe4	45.	Sxc5	Lf6
23.	Sxe4	f6	46.	Tf8	Schwarz gibt auf

* siehe Stellungsbild

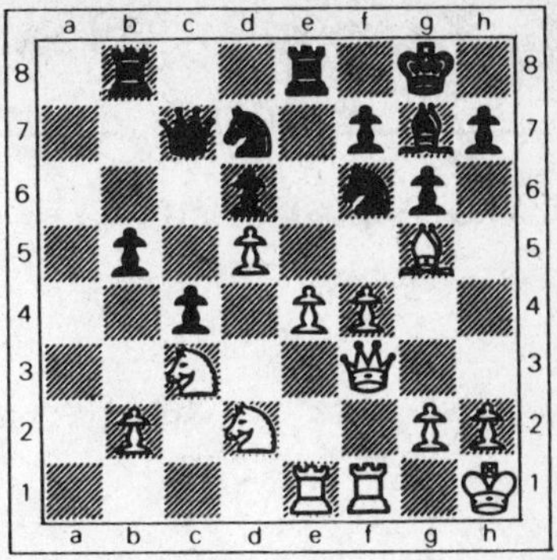

Stellung nach 18 . . . axb5
Weiß am Zug

Timman und Nunn spielen kompromißlos. Die Moderne-Benoni-Verteidigung ist eine kompromißlose Eröffnung, und daher ist es keine Überraschung, wenn in der vorliegenden Partie die Fetzen fliegen. Das Diagramm zeigt eine typische Moderne-Benoni-Stellung. Schwarz hat beträchtliche Initiative auf dem Damenflügel. Er droht, mit 19 . . . b4 den weißen Springer c3 auf ein passives Feld zu treiben und die Geburt eines Doppelbauern mittels eines späteren . . . c3 vorzubereiten. Auch das mächtige Manöver Sc5-d3 liegt in der Luft. Es ist klar, daß Weiß sofort im Zentrum handeln muß, um eine Überflutung seines Damenflügels zu verhindern.
19. f5 wäre ein katastrophaler positioneller Fehler. Nach 19 . . . Se5 käme der weiße Angriff platterdings zum Stehen, während Schwarz weiterhin exzellente Aussichten auf dem Damenflügel hätte.
Timman opferte mit 19. e5 einen Bauern, und auf 19 . . . dxe5 (erzwungen, da 19 . . . Sh5 nach 20. g4 eine Figur verliert, während der Zwischenzug 19 . . . b4 nach 20. exf6 bxc3 21. Dxc3 einen Bauern kostet) folgte 20. f5. Die Pointe des Bauernopfers besteht darin, daß Weiß das Feld e4 für seinen Springer freigemacht hat, während der Bauer e5 Schwarz darin hindert, seinen Springer auf das entsprechend wichtige Feld e5 zu ziehen.
Nunn versuchte allzu gierig, den geopferten Bauern mit 20 . . . Tf8 zu behalten, aber nach 21. Sd-e4 Tb6 22. Td1 Sxe4 23. Sxe4 f6 24. Le3 war klar, daß Weiß mehr als genug Ausgleich hatte. Die beste Verteidigung für Schwarz wäre gewesen, den Bauern durch 20 . . . e4 zurückzugeben und so e5 für seinen Springer freizumachen und seine Stellung zu aktivieren. Dann wäre die Partie ungefähr ausgeglichen.
Viele erfahrene Spieler würden keinen Gedanken an 19. e5 verschwenden, da der Zug einen Bauern verliert. Aber es wäre der erste Zug, den jemand unter die Lupe nehmen würde, der mit der Modernen Benoni vertraut ist. Gerade dieser thematische Vorstoß in dieser Eröffnung hat viele berühmte Opfer gefordert, nicht zuletzt Tal bei seiner historischen Niederlage gegen Penrose bei der Olympiade 1960.

54 Kavalek – Miles ***

Schacholympiade, Haifa 1976
Benkö-Gambit

1.	d4	Sf6	18.	Sa5	De6
2.	c4	c5	19.	Sd1	Lc8
3.	d5	b5	20.	Kf2	Db6
4.	Sf3	Lb7	21.	Sb3	Sa2
5.	a4	a6	22.	Lxc5	Dxb3
6.	Sf-d2	bxc4	23.	Ld4	Lf6
7.	e4	e6	24.	Lxf6	Db6+
8.	dxe6	dxe6	25.	Se3	Dxf6
9.	Sc3	Sc6	26.	Tc5	Dd4
10.	f3	Dc7	27.	Tc2	Tf-e8
11.	Sxc4	Td8	28.	f4	Te4
12.	Dc2	Le7	29.	Le2	Td-e8
13.	Le3	0-0	30.	Td1	Dxe3+
14.	Df2	Sb4	31.	Dxe3	Txe3
15.	Tc1	*	32.	Lf3	Sb4
16.	exd5	exd5	33.	Tc7	Tb3
17.	Dg3	Dc8	Weiß gibt auf		

* siehe Stellungsbild

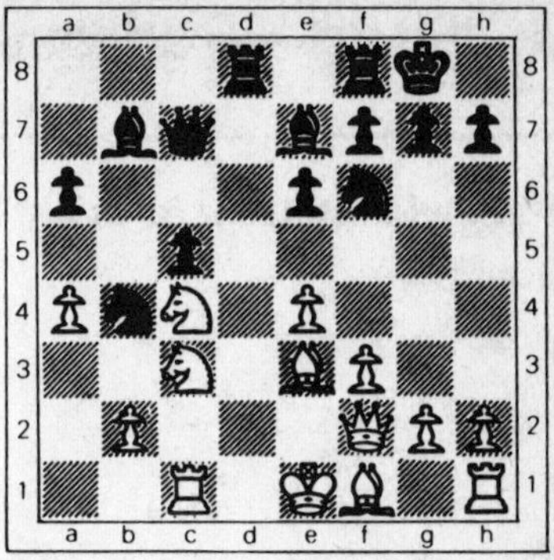

Stellung nach 15. Tc1
Schwarz am Zug

Viele moderne Partien zeigen einen interessanten Zusammenprall von dynamischen und strategischen Einzelheiten. Einfacher gesagt heißt das, daß ein Spieler um langfristiger strategischer Vorteile willen einen Entwicklungsrückstand in Kauf nimmt. Die Partie verwandelt sich dann in ein Wettrennen, in dem der Gegner versucht, seinen Entwicklungsvorsprung in einen Sieg umzumünzen, bevor der strategische Vorteil sich auswirken kann.

In dem Diagramm hat Weiß angesichts des unglücklich plazierten Isolani c5 von Schwarz einen positionellen Vorteil. Dieser Bauer ist anfällig, und Weiß hat für seinen Springer einen herrlichen Vorposten auf c4. Aber während Schwarz vollständig entwickelt ist, hat Weiß noch nicht rochiert, und er wird wenigstens zwei Züge (Le2 und 0-0) dafür brauchen. Kann Schwarz die Harmonie der weißen Stellung zerstören, bevor Weiß sie festigen kann?

15 . . . Td3 wirkt spritzig, ist aber harmlos. Natürlich kann Weiß nicht mit 16. Ld3 antworten, da 16 . . . Sxd3+ die Dame gewinnt. Aber 15 . . . Td3 droht nicht wirklich mit irgend etwas, und daher kann Weiß ruhig mit 16. Le2, gefolgt von 17. 0-0 und Vorteilen für Weiß, fortsetzen.

15 . . . Sd3+ sichert das Läuferpaar für Schwarz. Aber nach 16. Lxd3 Txd3 17. 0-0 haben die schwarzen Läufer nur eine geringe Reichweite, und Weiß stünde wiederum etwas besser.

Miles sah ein, daß zwingendere Maßnahmen notwendig waren, und spielte 15 . . . Sf-d5. Möglicherweise hätte Weiß 16. Le2 spielen und das Opfer ablehnen sollen, obwohl Schwarz nach 16 . . . Sxe3 17. Dxe3 Lf6 18. e5 Lh4+ (bewirkt eine wichtige Schwächung) 19. g3 Le7 sicherlich nicht schlechter gestanden hätte. So aber schluckte Weiß den Köder mit 16. exd5, und nach 16 . . . exd5 17. Dg3 Dc8 18. Sa5 De6 wurde deutlich, daß langfristige strategische Vorteile unwichtig geworden waren und Weiß seine Stellung nicht mehr würde festigen können.

55 Short – Penrose **

Britische Meisterschaft, Brighton 1977

Sizilianisch

1.	e4	c5	22.	Sd6	Dc7
2.	Sf3	e6	23.	Dg3	g5
3.	c3	Sf6	24.	Dh3	Sxe5
4.	Ld3	b6	25.	Ta-d1	Ta-f8
5.	0-0	La6	26.	Tf-e1	Sf6
6.	Lxa6	Sxa6	27.	*	Kf6
7.	d4	cxd4	28.	Se8+	Txe8
8.	Sxd4	Le7	29.	Txd7	Te7
9.	e5	Sd5	30.	Txc7	Txh7
10.	Dg4	g6	31.	Txh7	Tc8
11.	Lh6	Sc5	32.	Ta7	Se5
12.	c4	f5	33.	Txa6	Sxc4
13.	Df3	Sc7	34.	a4	Ke7
14.	Sc3	Dc8	35.	a5	Tb8
15.	b4	Sb7	36.	axb6	Sxb6
16.	a3	Sd8	37.	b5	Kd6
17.	Sd-b5	Sxb5	38.	h3	Kd5
18.	Sxb5	Sc6	39.	T6-a1	Sc4
19.	Lg7	Tg8	40.	Ta-d1+	Kc5
20.	Lf6	a6	41.	Txe6	Schwarz gibt auf
21.	Lxe7	Kxe7			

* siehe Stellungsbild

Stellung nach 26 . . . Sg6
Weiß am Zug

Partien zwischen führenden Spielern aus unterschiedlichen Generationen waren schon immer von besonderem Interesse. Penrose beherrschte das britische Schachspiel in den sechziger Jahren. Es könnte gut sein, daß Short die achtziger Jahre beherrschen wird. Als die beiden zum erstenmal im Jahre 1977 aufeinanderstießen, war Penrose immer noch der bessere Spieler. Aber es war der zwölfjährige Nigel Short, der den Sieg davontrug.
Im Diagramm ist die Partie praktisch vorbei. Weiß hat vorübergehend einen Bauern weniger, aber es ist klar, daß der schwarze König den drohenden Ansturm überleben wird. Die einzige Frage ist also, ob Short kühlen Kopf behält und die beste Art findet, seinem berühmten Gegner den Rest zu geben. 27. Sxe5+ ist sehr verlockend und sollte auch gut genug zum Sieg sein. Aber Schwarz kann mit 27 . . . Kf6 weiterkämpfen, wonach 28. Dc3+ (besser ist 28. Dh6) mit 28 . . . Kxf5 beantwortet werden kann und Weiß nicht in der Lage ist, die exponierte Stellung des schwarzen Königs auszunutzen.
Short spielte den weniger augenfälligen Zug 27. Dxh7+, der nach 27 . . . Kf6 in eine Sackgasse zu führen scheint. Aber Short wußte, was er tat. Er setzte fort: 28. Se8+ Txe8 29. Txd7. Jetzt zwangen die Drohungen 30. Txc7 und 30. Df7 Schwarz, Material herzugeben. Nach 29 . . . Te7 30. Txc7 Txh7 31. Txh7 hatte Weiß die Qualität und einen Bauern mehr und gewann leicht.

56 Timman – Miles *****

Bad Lauterberg 1977
Sizilianisch

1.	e4	c5	17.	gxf5	gxf5
2.	Sf3	d6	18.	Sd6	Tf8
3.	d4	cxd4	19.	Sc4	Kh8
4.	Sxd4	Sf6	20.	Tg1	Lf6
5.	Sc3	g6	21.	Dh6	Tf7
6.	Le3	Lg7	22.	Lh3	Td7
7.	f3	0-0	23.	Ld6	Sf4
8.	Dd2	Sc6	24.	*	Tb5
9.	0-0-0	d5	25.	Lf1	Td5
10.	exd5	Sxd5	26.	Txd5	Sxd5
11.	Sxc6	bxc6	27.	Lxe5	Tf7
12.	Ld4	e5	28.	Dg5	Df8
13.	Lc5	Le6	29.	Lxf6+	Txf6
14.	Se4	Te8	30.	Se5	Se7
15.	h4	Tb8	31.	Lc4	Lxc4
16.	g4	f5	32.	Sd7	Schwarz gibt auf

* siehe Stellungsbild

Stellung nach 23 . . . Sf4
Weiß am Zug

Wenn einem russisches Roulett Spaß macht, dann sollte man die Drachenvariante der Sizilianischen Verteidigung spielen. Die ist genauso aufregend.

Dieses Diagramm zeigt eine typische Stellung der Drachenvariante. Beide Spieler scheinen am Rand einer Niederlage zu stehen. Der schwarze König ist entblößt, und alle weißen Figuren sind aggressiv plaziert. Das Problem von Weiß besteht darin, daß die meisten seiner Figuren angegriffen sind. Der letzte Zug von Schwarz, 23 . . . Sf4, drohte 24 . . . Sxh3, 24 . . . Se2+ und 24 . . . Lxc4. Es ist nicht schwer, Wege zu finden, mit denen Weiß verliert. Zwei typische Methoden wären 24. Lxb8 Se2+ 25. Kb1 Txd1 und 24. Lf1 Lxc4 25. Lxc4 Txd6 26. Tg8+ Dxg8 27. Lxg8 Se2+, und wieder wird Weiß matt gesetzt.

Timman spielte den ruhigen Zug 24. Td2. Auf den ersten Blick fällt nicht auf, warum dieser Zug so gut sein soll, da er nur eine der schwarzen Drohungen (24 . . . Se2+) deckt. Die Vorzüge von 24. Td2 werden klar, wenn wir uns anschauen, was geschieht, wenn Schwarz versucht, seine anderen Drohungen in die Tat umzusetzen: (1) 24 . . . Sxh3 25. Lxe5 Lxe5 26. Sxe5 Sxg1 27. Txd7 Se2+ 28. Kd1, und Weiß gewinnt, oder (2) 24 . . . Lxc4 25. Lxf5 T8-b7 26. Lxe5 Lxe5 27. Dxh7+ Txh7 28. Txd8+.

Miles versuchte 24 . . . Tb5, aber nach 25. Lf1 Td5 26. Txd5 Sxd5 27. Lxe5 wurde klar, daß das Feuer des Drachens erloschen war.

24. Td2 war also ein ausgezeichneter Zug – aber es gab eine Verteidigung dagegen. Schwarz hätte 24 . . . Lxc4 25. Lxf5 und nun nicht das oben gezeigte 25 . . . T8-b7, sondern 25 . . . Le6 spielen sollen. Dann hätte die Partie nach 26. Lxe6 Sxe6 27. Lxb8 remis enden sollen. Aber die Drachenvariante führt selten zu einem Remis.

57 Portisch – Timman **

Wijk aan Zee 1978

Nimzo-Indisch

1.	d4	Sf6	17.	Le5	Sd7
2.	c4	e6	18.	Dh5	h6
3.	Sc3	Lb4	19.	Lb2	Dxg2+
4.	e3	c5	20.	Kxg2	Sf4+
5.	Ld3	Sc6	21.	Kg1	Sxh5
6.	Sf3	Lxc3+	22.	Td1	Tf8
7.	bxc3	d6	23.	La3	Td8
8.	0-0	e5	24.	Lb2	Tf8
9.	*	cxd4	25.	La3	Td8
10.	cxd4	exd4	26.	Lf5	Sh-f6
11.	exd4	Sxd4	27.	Le7	Te8
12.	Te1+	Se6	28.	Lxf6	Sxf6
13.	La3	0-0	29.	Txe8+	Sxe8
14.	Sb3	Dd7	30.	Td8	Kf8
15.	Te3	Dc6	31.	Lxc8	Schwarz gibt auf
16.	Lxd6	Td8			

* siehe Stellungsbild

Unter den modernen Großmeistern spielt Portisch am methodischsten und arbeitet am härtesten. Das klingt recht langweilig, aber Portischs Schachspiel ist mit Sicherheit nicht langweilig. Dank seiner harten Arbeit produziert Portisch einen dauernden Strom neuer Eröffnungsideen. Die Einfälle sind zwar oft nicht besser als die bestehende Theorie, aber sie werfen Probleme auf, die Portischs Gegner nur schwer am Brett zu lösen vermögen. Das Diagramm zeigt eine wohlbekannte Stellung, die die Theorie als spielbar für Schwarz betrachtet.

Stellung nach 8 . . . e5
Weiß am Zug

Weiß hat einen potentiellen langfristigen Vorteil mit seinem Läuferpaar, das aber im Augenblick nur geringe Reichweite besitzt. Die weißen c-Bauern könnten sich als schwach erweisen, aber im Moment droht ihnen keine Gefahr. Schwarz steht die sofortige Drohung 9 . . . e4 mit Figurengewinn zur Verfügung.
Mit 9. Lc2 würde der Drohung nur schlecht begegnet, weil dieser Zug sowohl den weißen Bauern c4 ziemlich schutzlos macht, als auch weil Schwarz die peinliche Erwiderung 9 . . . Lg4 (mit der Erneuerung der Drohung . . . e4) zur Verfügung steht.
9. d5 ist ausgesprochen befriedigend und war bis zu der vorliegenden Partie auch der Standardzug in dieser Stellung (siehe z. B. Spasski–Fischer auf Seite 112).
Portisch verließ die ausgetretenen Pfade mit dem provokativen 9. Sd2. Schwarz hätte den Köder mit 9 . . . De7 ausschlagen sollen, wonach die Stellung ungefähr ausgeglichen ist. Statt dessen verleibte er sich den Bauern ein, und die Partie wurde fortgesetzt mit 9. cxd4 10. cxd4 exd4 11. exd4 Sxd4 12. Te1+ Se6 (12 . . . Le6 13. Se4 Sxe4 14. Lxe4 Sc6 15. La3 verbessert nichts für Schwarz) 13. La3 0-0 14. Sb3 Dd7. Mit diesem Zug stellt Schwarz eine Falle. Auf 15. Lxd6 spielt Schwarz nicht 15 . . . Dxd6 und Damenverlust nach 16. Lxh7+, sondern 15 . . . Td8 16. c5 Sxc5 17. Lxc5 Dxd3. Aber Weiß vermied die Falle mit 15. Te3 und erreichte die bessere Position.
Portisch entdeckte die Stärke des Zuges 15. Te3 wahrscheinlich in einer Analyse vor der Partie, aber in jedem Fall hätte Schwarz lange und genau überlegen sollen, bevor er das weiße Bauernopfer annahm und die Stellung für die weißen Läufer öffnete.

58 Spasski – Larsen **

Bugojno 1978

Caro-Kann

1.	e4	c6	12.	g3	c5
2.	d4	d5	13.	Lf4	Dc6
3.	Sc3	dxe4	14.	0-0-0	c4
4.	Sxe4	Lf5	15.	Sc3	Sh6
5.	Sg3	Lg6	16.	*	exd5
6.	Sf3	Sd7	17.	Txd5	Lc5
7.	Ld3	Da5+	18.	Th-d1	f6
8.	Ld2	Dc7	19.	Td6	Lxd6
9.	Lxg6	hxg6	20.	Txd6	Dc5
10.	De2	e6	21.	Td5	Schwarz gibt auf
11.	Se4	0-0-0			

* siehe Stellungsbild

Stellung nach 15 . . . Sh6
Weiß am Zug

Man hört immer wieder einmal die düstere Prophezeiung, daß das Schach «ausgespielt» habe, d. h., daß soviel über das Spiel bekannt ist, daß starke Spieler niemals gegeneinander verlieren sollten. Die Tatsache, daß ein so starker Spieler wie Larsen es fertig bringt, in 21 Zügen zu verlieren, deutet darauf hin, daß diese unglückselige Zeit noch weit in der Zukunft liegt.
In dem Diagramm ist klar, daß Schwarz bereits nach 15 Zügen bis über beide Ohren in Schwierigkeiten steckt. Er liegt mit seiner Entwicklung zurück und mußte, um den sofortigen Untergang abzuwenden, den antipositionellen Zug 14 . . . c4 machen, womit er Weiß freie Hand im Zentrum läßt. Darüber hinaus ist der schwarze König ernstlich entblößt, da der weiße Läufer f4 ihn daran hindert, den sicheren Hafen a8 zu erreichen.
16. Se5 würde Schwarz erlauben, seine Stellung mit 16 . . . Sxe5 etwas zu befreien, auf 17. Lxe5 mit 17 . . . Sf5 den Bauern g7 zu decken und mit 18 . . . Ld6 zu drohen.
Der Entwicklungszug 16. Th-e1 würde die meisten Vorteile von Weiß erhalten, aber Schwarz könnte mit 16 . . . Lb4 der sofortigen Vernichtung entgehen.
Spasski schlug sofort mit 16. d5 zu. Normalerweise ist es ein positioneller Fehler, den Abtausch des weißen Bauern e4 gegen den schwarzen Bauern e6 zuzulassen, aber hier muß Weiß die Stellung so schnell wie möglich öffnen, bevor Schwarz Gelegenheit hat, sich zu konsolidieren. Nach 16 . . . exd5 (erzwungen) 17. Txd5 stand Schwarz den mörderischen Drohungen 18. Sd4 (gewinn schlicht den Bauern c4) und 18. Sb5 gegenüber. Die Partie wurde mit 17 . . . Lc5 18. Th-d1 (es droht 19. Se5) 18 . . . f6 fortgesetzt. Jetzt rundete Spasski die Partie elegant ab: 19. Td6 Lxd6 (erzwungen) 20. Txd6 Dc5. (Auf 20 . . . Dc7 gewinnt 21. Sd5, gefolgt von 22. Se7+.) 21. Td5, und Schwarz gab auf. Auf 21 . . . Db4 gewinnt 22. Tb5 Df8 23. Dxc4+, und nach 21 . . . Dc6 macht 22. Sb5 Schwarz hilflos, da 22 . . . Dxd5 23. Sxa7 matt.
Eine drastische Demontage der angeblich soliden Caro-Kann-Verteidigung.

59 Miles – Spasski ****

Montilla 1978
Damenindisch

1.	d4	Sf6	15.	*	g6
2.	Sf3	b6	16.	Ta-d1	Sg7
3.	c4	e6	17.	h4	Lb4
4.	Lf4	Lb7	18.	Sd7	Lc8
5.	e3	Le7	19.	Sxd5	Kh8
6.	h3	0-0	20.	S5-f6	Ta7
7.	Sc3	d5	21.	d5	Se7
8.	cxd5	exd5	22.	Le5	Txd7
9.	Ld3	c5	23.	h5	Txd5
10.	0-0	Sc6	24.	Df4	Txd1
11.	Se5	c4	25.	Txd1	Da5
12.	Lc2	a6	26.	Se8	f6
13.	g4	b5	27.	gxf6	Kg8
14.	g5	Se8	28.	Sxg7	Schwarz gibt auf

* siehe Stellungsbild

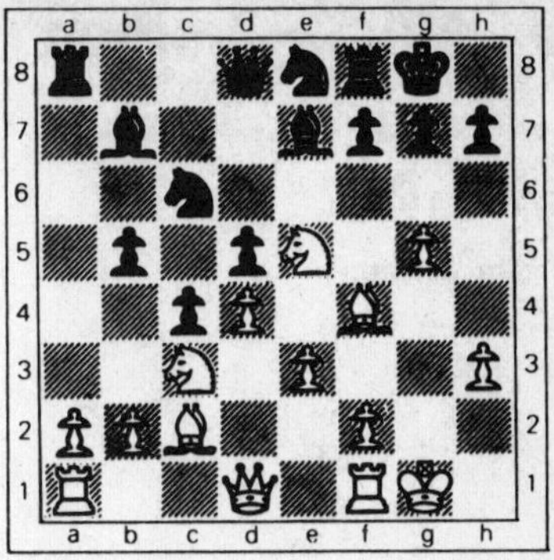

Stellung nach 14 . . . Se8
Weiß am Zug

Die meisten Spieler, die regelmäßig an Turnieren teilnehmen, haben eine oder zwei *bêtes blanches* – Gegner, bei denen sie immer ihr Bestes zu geben scheinen. Miles ist in der glücklichen Lage, daß fast die gesamte Schachbrigade der Sowjetunion in diese Kategorie zu fallen scheint. Dies ist einer von zwei vernichtenden Siegen, die er innerhalb weniger Monate gegen Spasski erzielte.

In dem Stellungsbild hat Weiß bereits die Brücken hinter sich abgebrochen. Schwarz hat eine gefährliche Bauernmehrheit auf dem Damenflügel, und durch den Vorstoß des g-Bauern hat Weiß seinen Königsflügel geschwächt. Weiß hat offensichtlich alles auf einen Angriff auf den schwarzen König gesetzt, der durch den erzwungenen Rückzug des Springers von f6 etwas entblößt ist. Wie sollte Weiß seinen Angriff fortsetzen?

15. Dh5 erlaubt Schwarz den Zug 15 . . . g6 mit Tempogewinn (ein Zug, den Schwarz in jedem Fall machen muß).

Der offensichtliche Angriffsversuch besteht in 15. Lxh7+ Kxh7 16. Dh5+ Kg8 17. g6 fxg6 (nicht 17 . . . Sf6 18. gxf7+) 18. Sxg6, aber Schwarz kann sich dann mit 18 . . . Tf6 befriedigend verteidigen (18 . . . Sf6 19. Dh8+ Kf7 20. Sxf8 Dxf8 ist auch nicht schlecht für Schwarz), während 19. Sxd5 gegen 19 . . . Txg6+ verliert.

Daher spielte Miles den Vielzweckzug 15. Dg4, der die Dame auf den Königsflügel verlegt, den Bauern g5 deckt, d1 für den Turm freimacht und d7 ins Auge faßt. Die Partie wurde mit 15 . . . g6 16. Ta-d1 Sg7 17. h4 Lb4 fortgesetzt, und dann begann das Feuerwerk: 18. Sd7 Lc8 19. Sxd5, und Weiß tauchte siegreich aus den Komplikationen auf.

Viele Spieler würden 18. Sd7 oder 19. Sxd5 für beeindruckendere Züge halten als 15. Dg4. Aber diese Züge konnten präzise berechnet werden, 15. Dg4 dagegen nicht. Im Gegenteil, 15. Dg4 hebt sich deshalb als bester Zug ab, weil Weiß seine Einschätzungsfähigkeit bewies, als er das verführerische 15. Lxh7+ ablehnte und den Angriff auf langsamere Art verfolgte.

60 Miles – Larsen **

Tilburg 1978
Damenindisch

1.	d4	Sf6	23.	h4	b5
2.	Sf3	e6	24.	h5	Sd7
3.	c4	b6	25.	Txc8	Txc8
4.	Lf4	Lb7	26.	Th1	Sf8
5.	e3	Le7	27.	hxg6	hxg6
6.	h3	0-0	28.	Ke2	Kf6
7.	Sc3	d5	29.	Kd2	Kg7
8.	cxd5	exd5	30.	Tc1	Txc1
9.	Ld3	Sb-d7	31.	Kxc1	Kf6
10.	0-0	a6	32.	Kd2	b4
11.	Se5	Te8	33.	Kc2	a5
12.	Df3	Ld6	34.	Lb5	Se6
13.	Sg4	Se4	35.	Sxe6	fxe6
14.	Lxd6	cxd6	36.	Kb3	Kg5
15.	Tf-c1	Dg5	37.	Ka4	e5
16.	Se2	Ta-c8	38.	Kxa5	exd4
17.	Df4	Dxf4	39.	exd4	Kf4
18.	Sxf4	g6	40.	Ld7	Ke3
19.	f3	Sf6	41.	Kb6	La8
20.	Sxf6+	Sxf6	42.	Ka7	Kxd4
21.	Kf2	Kf8	43.	f4	Schwarz gibt auf
22.	*	Ke7			

* siehe Stellungsbild

Viele Spieler finden Endspiele mühselig. Nicht Tony Miles. Selbst als Jugendspieler (wenn die meisten Spieler von raschen, glänzenden Königsangriffen träumen) war er am glücklichsten, wenn er seinen Gegner in langen Endspielen zermürben konnte. In der vorliegenden Partie kann man sehen, wie er – reifer geworden – fröhlich an der Stellung eines anderen Endspielfanatikers, Bent Larsen, herumschnippelt. Die gezeigte Stellung begünstigt Weiß aus zwei Gründen. Erstens ist der schwarze Doppelbauer (besonders der Bauer d5) schwach. Zweitens sind die weißen Figuren aggressiver plaziert. Der schwarze Läufer b7 wird von seinem Bauern d5 eingeengt, und der weiße Springer hat ein schönes Feld (f4) besetzt, von dem er nur (durch . . . g5) auf Kosten der Aufgabe des ebenso schönen Feldes f5 vertrieben werden kann. Schwarz sollte wenig Schwierigkeiten haben, die Partie remis zu halten, wenn Weiß die Türme mit 22. Txc8 abtauscht und 23. Ke2, 24. Kd2 und 25. Tc1 folgen läßt. Die Remisstrategie von Schwarz wäre, seinen König im Zentrum zu stationieren, so daß er schnell auf denjenigen Flügel ausweichen kann, auf dem Weiß sein Spiel machen will. 22. h4 mit der Absicht h5 erlaubt die ärgerliche Erwiderung 22 . . . h5. Dann wäre es gefährlich für Weiß, g4 zu spielen (z. B. nach 23. Tg1), da nach . . . hxg4 fxg4 Weiß das Feld e4 geschwächt hätte.

Stellung nach 21 . . . Kf8
Weiß am Zug

Miles entschied sich, mit 22. g4 eine weitere Front zu eröffnen. Jetzt kommt 22 . . . h5 angesichts 23. gxh5 und der Schwächung des schwarzen h-Bauern nicht in Frage. Die Partie wurde mit 22 . . . Ke7 23. h4 b5 24. h5 Sd7 25. Txc8 Txc8 16. Th1 fortgesetzt, und nun erkennen wir die wirkliche Pointe des Manövers, das mit 22. g4 begann. Die weißen Drohungen auf dem Königsflügel zwingen Schwarz, sich auf diesem Flügel in Verteidigungsstellungen zurückzuziehen.
Die Partie ging weiter mit 26 . . . Sf8 (nicht 26 . . . Sb6 27. hxg6 hxg6 28. Sxg6+ fxg6 29. Th7+, und Weiß gewinnt) 27. hxg6 hxg6 28. Ke2 Kf6 29. Kd2 Kg7 30. Tc1 Txc1 31. Kxc1 Kf6 32. Kd2 b4 33. Kc2 a5 34. Lb5 Se6 35. Sxe6 fxe6 36. Kb3, und der weiße König dringt auf dem schwarzen Damenflügel ein.

61 Timman – Karpow **

Bugojno 1978

Abgelehntes Damengambit

1.	c4	e6	24.	Th3	c4
2.	Sc3	d5	25.	Sf5	fxe5
3.	d4	Le7	26.	fxe5	Dc6
4.	cxd5	exd5	27.	Td-h1	Sg6
5.	Lf4	Sf6	28.	Sd6	Sd-f8
6.	e3	0-0	29.	Sxe8	Dxe8
7.	Dc2	c6	30.	Th5	Dc6
8.	Ld3	Te8	31.	Df5	a5
9.	Sf3	Sb-d7	32.	e6	Dxe6
10.	0-0-0	Sf8	33.	Dxd5	a4
11.	h3	Le6	34.	Tc1	c3
12.	Kb1	Tc8	35.	bxc3	bxc3
13.	Sg5	b5	36.	Txc3	Dxd5
14.	Le5	h6	37.	Txd5	Se6
15.	Sxe6	Sxe6	38.	Kc2	Kf7
16.	g4	Sd7	39.	Ta5	Sg5
17.	h4	b4	40.	Tc6	Se4
18.	Se2	Lxh4	41.	Txa4	Sf6
19.	f4	c5	42.	Ta7	Sd5
20.	La6	Le7	43.	Txg6	Kxg6
21.	Lxc8	Dxc8	44.	e4	Sb4+
22.	Sg3	f6	45.	Kb3	Lf8
23.	*	Se-f8	46.	Tb7	Schwarz gibt auf

* siehe Stellungsbild

Stellung nach 22 . . . f6
Weiß am Zug

Karpow liebt es, sich zu verteidigen und seine Gegner dazu zu verleiten, sich zu übernehmen. Im allgemeinen zeitigt diese Taktik Erfolge, aber ab und zu treibt Karpow es zu weit. Die hier gezeigte Stellung ist kompliziert; Weiß hat zeitweilig die Qualität gewonnen, aber sein Läufer e5 ist in Schwierigkeiten. Weiß hat gute Angriffsaussichten auf dem Königsflügel, während sein König sicher auf dem Damenflügel steht. Sollte er versuchen, seinen Läufer e5 zu retten, oder sollte er direkt auf den schwarzen König losgehen?
23. f5 vermeidet einen Figurenverlust, da Weiß 24. Lf4 spielen kann, wenn der schwarze Springer e6 wegzieht. Aber Schwarz kann mit 23 . . . fxe5 24. fxe6 Sf8, gefolgt von . . . Dxe6, bei einigem Ausgleich für die Qualität im Spiel bleiben.
Auch 23. g5 würde die Figur retten, da 23 . . . fxe5 24. gxh6 viel zu gefährlich für Schwarz ist. Aber nach 23 . . . fxg5 hätte Schwarz wiederum einigen Ausgleich für die Qualität.
Sowohl 23. f5 als auch 23. g5 ließen Weiß einigen Vorteil, aber Timman fand einen viel stärkeren Zug.
Er spielte 23. Txh6. Jetzt verliert 23 . . . fxe5 einfach gegen 24. Txe6, und 23 . . . gxh6 erlaubt den vernichtenden Zug 24. Dg6+ Kf8 (oder 24 . . . Sg7 25. Sf5 Lf8 26. Sxh6+ Kh8 27. Sf7+ Kg8 28. Th1) 25. Sf5, wonach die schwarzen Figuren sich so sehr einander auf den Füßen stehen, daß 26. Sxh6, gefolgt von Df7 ‡ oder Dg8 ‡, nicht mehr verhindert werden kann.
Karpow fand die stärkste Verteidigung 23 . . . Se-f8 (deckt g6 und h7), und die Partie wurde fortgesetzt mit 24. Th3 c4 25. Sf5 fxe5 26. fxe5 Dc6 27. Td-h1 Sg6. Jetzt zog Timman ungenau 28. Sd6, aber selbst das reichte zum Sieg. Er verpaßte die Chance, sein bis dahin feines Spiel durch 28. Sxg7 zu krönen, wonach Weiß z. B. gewinnt 28 . . . Kxg7 29. Th7+ Kg8 30. Th8+ Sxh8 31. Dh7+ Kf8 32. Dxh8+ Kf7 33. Th7+.

62 Karpow – Kortschnoj **

8. Partie um die Weltmeisterschaft, Baguio 1978
Spanisch

1.	e4	e5	15.	Sxf5	Tg8
2.	Sf3	Sc6	16.	Sxc4	dxc4
3.	Lb5	a6	17.	Lc2	Sd3
4.	La4	Sf6	18.	Lh6	Lf8
5.	0-0	Sxe4	19.	Ta-d1	Dd5
6.	d4	b5	20.	Lxd3	cxd3
7.	Lb3	d5	21.	Txd3	Dc6
8.	dxe5	Le6	22.	Lxf8	Db6+
9.	Sb-d2	Sc5	23.	Kh1	Kxf8
10.	c3	g6	24.	Df3	Te8
11.	De2	Lg7	25.	Sh6	Tg7
12.	Sd4	Sxe5	26.	*	Tb8
13.	f4	Sc4	27.	Sxf7	Lxd7
14.	f5	gxf5	28.	Sd8+	Schwarz gibt auf

* siehe Stellungsbild

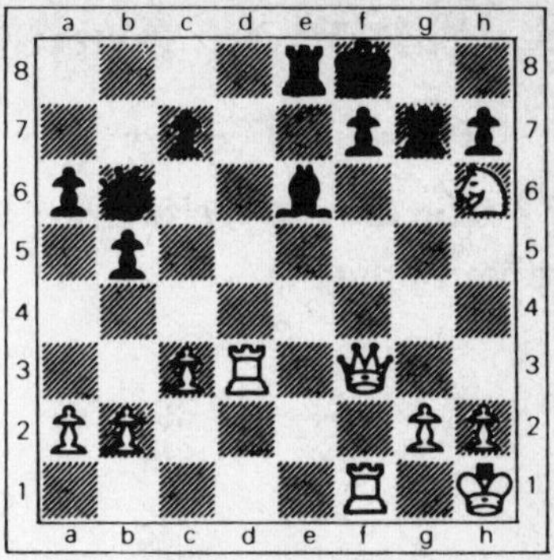

Stellung nach 25 . . . Tg7
Weiß am Zug

Diese Stellung von der umstrittenen Weltmeisterschaft auf den Philippinen erinnert stark an die Muzio-Variante des Königsgambits, eine altehrwürdige Spielweise, in der Weiß eine ganze Figur opfert, um seine Kräfte auf die von alters her empfindliche Stelle von Schwarz, den Bauern f7, zu konzentrieren. Die Muzio-Variante verläuft folgendermaßen: 1. e4 e5 2. f4 exf4 3. Sf3 g5 4. Lc4 g4 5. 0-0 gxf3 6. Dxf3. Auch wenn die weißen Aussichten auf der f-Linie verlockend erscheinen, stellt die moderne Theorie doch fest, daß Weiß nicht mehr als ausgeglichenes Spiel erhalten kann.

Der Unterschied zwischen dieser Variante und der Stellung aus Karpow–Kortschnoj besteht darin, daß Karpow einen Angriff auf f7 in Szene gesetzt hat, ohne irgendwelches Material aufgeben zu müssen. Die Frage ist nun, wie man die Belagerung von f7 zugunsten von Weiß aufheben kann. Da die schwarzen Figuren sich zur Verteidigung um ihren König geschart haben, sind drastische Maßnahmen angesagt, falls Weiß die schwarze Festung im Sturm nehmen will.

Der Zug 26. Sf5 kommt sofort in den Sinn, da so der Springer rezentralisiert wird und Schwarz seinen Läufer mit 26 . . . Lxf5 abzutauschen gezwungen ist. Allerdings wird es Schwarz gelingen, nach 27. Dxf5 Dg6 seine stärkste Figur für Deckungsaufgaben näher an seinen König heranzuführen.

26. Df6 ist der logischere Zug, da er den Druck, der sich bereits gegen f7 aufgebaut hat, nicht vermindert. Dieser Zug stellt auch noch die Falle 26 . . . Tg6? 27. Dxf7+ Lxf7 28. Txf7 ‡. Nichtsdestoweniger vergrößert dieser Zug nicht die Zahl der Angreifer auf f7.

Karpow spielte 26. Td7! Ein brillanter taktischer Streich, der die gesamte Feuerkraft der weißen Armee auf f7 konzentriert. Auf 26 . . . Lxd7 folgt jetzt 27. Dxf7+ Txf7 28. Txf7 ‡ (ein Echo der obigen Variante), während Weiß jetzt mit 27. Txf7+ Lxf7 28. Dxf7+ Txf7 29. Txf7 ‡ droht, wogegen es kein richtiges Gegenmittel gibt. Schwarz spielte vergeblich 26 . . . Tb8, aber seine Stellung brach nur zwei Züge später zusammen.

63 Karpow – Kortschnoj **

32. Partie um die Weltmeisterschaft 1978
Pirc-Verteidigung

1.	e4	d6	22.	Sg3	Ta8
2.	d4	Sf6	23.	c3	Ta4
3.	Sc3	g6	24.	Ld3	Da8
4.	Sf3	Lg7	25.	*	dxe5
5.	Le2	0-0	26.	Dxe5	Scxd5
6.	0-0	c5	27.	Lxb5	Ta7
7.	d5	Sa6	28.	Sh4	Lc8
8.	Lf4	Sc7	29.	Le2	Le6
9.	a4	b6	30.	c4	Sb4
10.	Te1	Lb7	31.	Dxc5	Db8
11.	Lc4	Sh5	32.	Lf1	Tc8
12.	Lg5	Sf6	33.	Dg5	Kh8
13.	Dd3	a6	34.	Td2	Sc6
14.	Ta-d1	Tb8	35.	Dh6	Tg8
15.	h3	Sd7	36.	Sf3	Df8
16.	De3	La8	37.	De3	Kg7
17.	Lh6	b5	38.	Sg5	Ld7
18.	Lxg7	Kxg7	39.	b4	Da8
19.	Lf1	Sf6	40.	b5	Sa5
20.	axb5	axb5	41.	b6	Schwarz gibt auf
21.	Se2	Lb7			

* siehe Stellungsbild

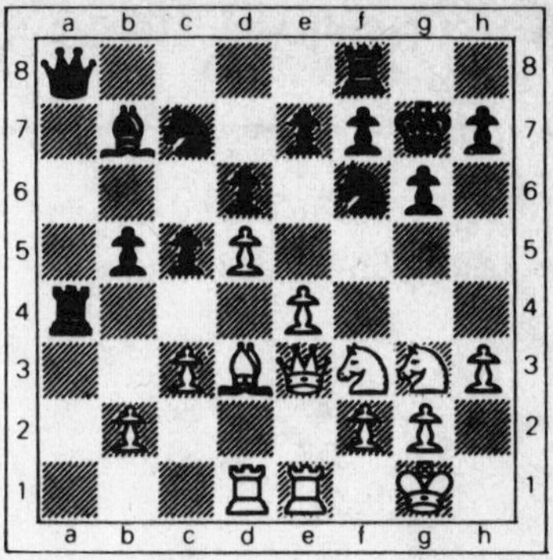

Stellung nach 24 . . . Da8
Weiß am Zug

Nach einem dreimonatigen erbitterten Kampf (nicht nur am Schachbrett!) stand es 1978 bei der Weltmeisterschaft 5 : 5 bei 21 Remispartien. Der Spieler, der als erster 6 Punkte erreichte, wäre Weltmeister; daher wußten beide, daß die 32. Partie die letzte sein konnte. Die Spannung mag Kortschnoj ungünstig beeinflußt haben, aber Karpow erschien so gelassen wie immer und erzielte einen seiner vernichtendsten Siege.
Karpow hat eine deutlich überwältigende Stellung aufgebaut. Seine Figuren haben sich bedrohlich zusammengeschart und den schwarzen König ins Visier genommen, während der schwarzen Figurenansammlung auf dem Damenflügel ein passendes Ziel fehlt. Aber gute Stellungen gewinnen sich nicht von selbst, besonders nicht gegen Kortschnoj, der viel Erfahrung in der Behandlung schwierigster Verteidigungsaufgaben hat. Also mußte Karpow einen «Knock-out-Zug» finden.
25. b3 zur Störung der einzigen aggressiv plazierten Figur von Schwarz ist sinnlos, denn damit würde der Turm nur auf eines der nützlicheren Felder a3 oder a2 getrieben.
25. h4 in der Absicht, die h-Linie dann mit 26. h5 zu öffnen, birgt bessere Aussichten, aber Schwarz könnte mit 26 . . . h5, gefolgt, wenn nötig, von . . . Th8 oder . . . Tg8, ausreichend Widerstand leisten.
Karpow spielte 25. e5! Die Idee, das Zentrum aufzubrechen, ist naheliegend genug, erforderte aber sorgfältige Berechnungen. Schwarz hatte versucht, diesen Vorstoß zu verhindern, indem er seine Figuren gegen den weißen d-Bauern aufmarschieren ließ. Nach 25 . . . Sfxd5 allerdings (anderes Einschlagen erlaubt 26. exf6+) gewinnt Weiß brillant durch 26. Sh5+ gxh5 (26 . . . Kh8 27. Dh6 Tg8 28. Sg5 gewinnt) 27. Dg5+ Kh8 28. Dh6 f5 29. exf6 Sxf6 30. Txe7.
Nach 25. e5! fand Kortschnoj keine bessere Erwiderung als 25 . . . dxe5 26. Dxe5 Sxd5 27. Lxd5. Karpow hatte keine Schwierigkeiten, seine Drohungen gegen den schwarzen König und schwachen c-Bauern auszunutzen und einen Sieg zu erzwingen.

64 Short – Chess 4.6 *

Fünfminutenpartie 1978
Nimzowitsch-Verteidigung

1.	e4	Sc6	21.	Lc4	Sb4
2.	Sf3	e6	22.	Lxd5+	Sxd5
3.	d4	d5	23.	Txd5	Le6
4.	e5	f6	24.	Td4	Lxa2
5.	c3	fxe5	25.	Txa4	Ld5
6.	dxe5	Lc5	26.	Th4	Dg7
7.	Ld3	Sg-e7	27.	Sd4	g5
8.	0-0	a5	28.	Th5	c5
9.	Sb-d2	a4	29.	Sb5	h6
10.	Dc2	g6	30.	Sd6	Te6
11.	Te1	0-0	31.	De3	b6
12.	Sf1	Sf5	32.	g4	Td8
13.	Lg5	Le7	33.	Sf5	Dc7
14.	Lxe7	Dxe7	34.	Sxh6+	Kf8
15.	Sg3	Sxg3	35.	Dxg5	Td-e8
16.	hxg3	Ld7	36.	Sf5	Tg6
17.	Ta-d1	Dg7	37.	Dxg6	Dh7
18.	De2	Dh6	38.	Txh7	Tb8
19.	c4	Ta-e8	39.	Dg7+	Ke8
20.	*	exd5	40.	De7 ‡	‡

* siehe Stellungsbild

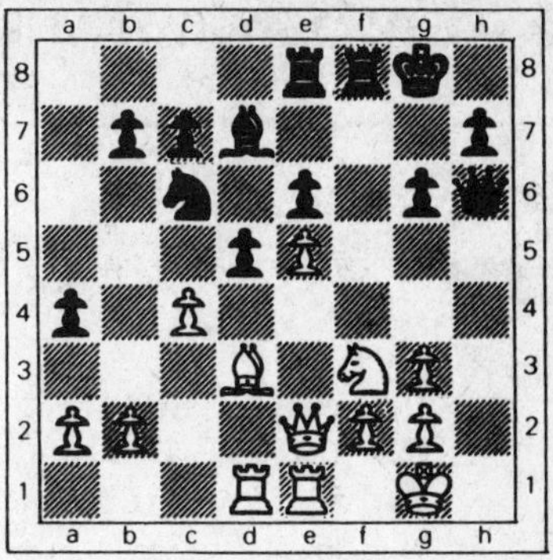

Stellung nach 19 . . . Ta-e8
Weiß am Zug

Das Zeitalter der Maschine mag nahe sein, aber es ist noch nicht da. In einem kürzlich stattgefundenen Herausforderungskampf zwischen dem Computerweltmeister und einem zwölfjährigen Jungen (zugegebenermaßen nicht irgendein Zwölfjähriger) erzielte der Mensch einen überzeugenden Sieg.

In der abgebildeten Stellung steht Schwarz nicht allzu schlecht für einen bloßen Blechkasten. Nichtsdestoweniger ist klar, daß Weiß besser steht, da seine Figuren effizienter koordiniert sind. Nicht so offensichtlich ist, daß es einen Weg gibt, mit dem Weiß sofort Material gewinnen kann. Der schwarze Bauer a4 ist ein wenig unsicher plaziert, aber der Versuch, ihn direkt mit 20. Lc2 zu gewinnen, geht wegen 20 . . . Sb4, womit gleichzeitig der d-Bauer gedeckt wird, fehl.

20. g4, um die abseits plazierte schwarze Dame h6 mit 21. g5 zu belästigen, hätte den gegenteiligen Effekt. Nach 20 . . . Df4 könnte die Dame von Schwarz ein nützlicheres Feld besetzen.

Short spielte 20. cxd5 und nach dem erzwungenen Zurückschlagen 20 . . . exd5 21. Lc4. Plötzlich wird klar, daß die Maschine Schwierigkeiten hat. Auf 21 . . . dxc4 folgt 22. Txd7 (nicht 22. Dxc4+ Le6), und dank der Drohungen 23. Dxc4+ und 23. Txc7 vermag Weiß einen Bauern unter noch günstigeren Umständen zu gewinnen, als das in der Partie geschah. Schwarz fand die vergleichsweise beste Verteidigung 21 . . . Sb4, aber nach 22. Lxd5+ Sxd5 23. Txd5 Le6 24. Td4 Lxa2 25. Txa4 hatte Weiß einen Bauern und schließlich die Partie gewonnen.

Der Computer hatte letztendlich die Pointe der weißen Kombination «gesehen» und spielte 21 . . . Sb4 und nicht 21 . . . dxc4. Aber da war es schon zu spät. Er hätte die Kombination bereits im 19. Zug vorhersehen müssen, und er war offensichtlich nicht in der Lage, so tief zu rechnen.

Übrigens könnte man diese Partie als die Weltmeisterschaft der Zwölfjährigen ankündigen. Chess 4.6 war zu der Zeit ebenfalls zwölf Jahre alt.

65 Kasparow – Vukic **

Banja Luka 1979
Königsindisch

1.	c4	Sf6	19.	a3	Sa6
2.	Sc3	g6	20.	f4	c6
3.	d4	Lg7	21.	f5	cxd5
4.	e4	d6	22.	fxe6	Txe6
5.	Sf3	0-0	23.	exd5	Te7
6.	Le2	Lg4	24.	Lf4	Td7
7.	Le3	Sf-d7	25.	Sxd6	Dd8
8.	Sg1	Lxe2	26.	Sb5	Sc5
9.	Sgxe2	e5	27.	De3	b6
10.	0-0	a5	28.	b4	axb4
11.	Dd2	Sc6	29.	axb4	Sa6
12.	f3	cxd4	30.	Lg5	Db8
13.	Sxd4	Sc5	31.	d6	Sxb4
14.	Ta-d1	Se6	32.	Le7	Db7
15.	*	Te8	33.	Txf7	Kxf7
16.	Dc1	Db8	34.	Tf1+	Lf6
17.	Lh6	Lh8	35.	Lxf6	Schwarz gibt auf
18.	Sd5	Sb4			

* siehe Stellungsbild

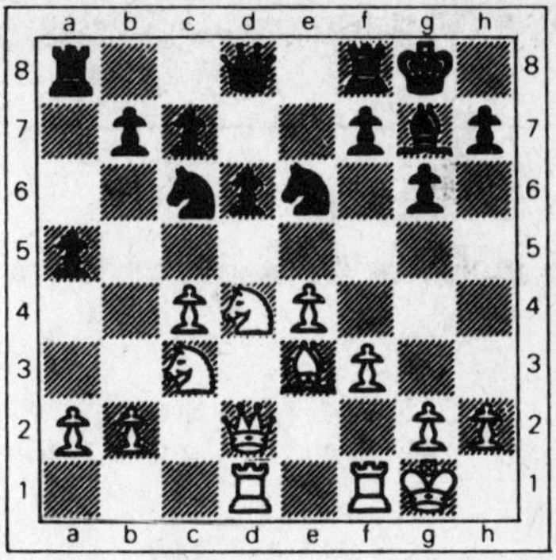

Stellung nach 14 . . . Se6
Weiß am Zug

Vor einigen Jahren hörte man von einem vielversprechenden russischen Jugendspieler namens Gary Weinstein. Plötzlich verschwand sein Name, und man hörte von einem vielversprechenden russischen Jugendspieler namens Gary Kasparow. Selbst Dr. Watson hätte dieses Rätsels Lösung finden können. Die Russen hatten einen potentiellen Weltmeister entdeckt und entschieden, daß Kasparow ein besserer Name als Weinstein war, um die Flagge hochzuhalten. Eine Rose ist eine Rose ist eine . . . Das Diagramm zeigt die klassische, für Weiß günstige Stellung in der königsindischen Verteidigung. Wie oft in dieser Eröffnung hat Weiß einen beträchtlichen Raumvorteil, aber Schwarz hat nicht die üblichen ausgleichenden Vorteile, da weder der e- noch der c-Bauer von Weiß bequeme Angriffsziele bilden. Der Springer c6 hindert Schwarz an . . . c6 und dem Einsatz seiner Dame auf dem Damenflügel. Schwarz hat eben 14 . . . Se6 in dem Versuch gespielt, sich durch Abtausch Luft zu verschaffen.
15. Sxc6 wäre ein positioneller Fehler. Nach 15 . . . bxc6 wäre der schwarze Doppelbauer alles andere als schwach. Schwarz hätte die offene b-Linie und könnte sich überlegen, . . . c5 und . . . Sd4 zu spielen.
Auch 15. Sxe6 würde Schwarz helfen; nach 15 . . . fxe6 verhindert der schwarze Bauer e6, daß sich ein weißer Springer auf d5 einnistet. Falls Weiß 16. c5 zieht, antwortet Schwarz 16 . . . dxc5, und trotz seiner etwas zerfaserten Bauernstellung wäre er nicht unaufhaltbar im Rückstand.
Kasparow erhielt seinen Vorteil mit 15. Sd-b5. Der Sinn dieses Zuges ist, daß er Abtausche vermeidet, die im allgemeinen dem Verteidiger in einer gedrückten Stellung helfen, und daß er den Befreiungszug . . . c6 wegen der Schwäche des Bauern d6 verhindert. Die Partie wurde fortgesetzt mit 15 . . . Te8 16. Dc1 Db8 17. Lh6 Lh8 18. Sd5 Sb4 19. a3 Sa6 20. f4 c6 21. f5, und Weiß erzielte den entscheidenden Durchbruch.

66 Karpow – Spasski **

Montreal 1979

Abgelehntes Damengambit

1.	d4	Sf6	22.	Td3	Tc-d6
2.	c4	e6	23.	Tf-d1	T6-d7
3.	Sf3	d5	24.	T1-d2	Db5
4.	Sc3	Le7	25.	Dd1	b6
5.	Lf4	0-0	26.	g3	Lf8
6.	e3	c5	27.	Lg2	Le7
7.	dxc5	Sc6	28.	Dh5	a6
8.	Dc2	Da5	29.	h3	Dc6
9.	a3	Lxc5	30.	Kh2	a5
10.	Td1	Le7	31.	f4	f6
11.	Sd2	Ld7	32.	Dd1	Db5
12.	Le2	Tf-c8	33.	g4	g5
13.	0-0	Dd8	34.	Kh1	Dc6
14.	cxd5	exd5	35.	f5	Lf7
15.	Sf3	h6	36.	e4	Kg7
16.	Se5	Le6	37.	exd5	Dc7
17.	Sxc6	Txc6	38.	Te2	b5
18.	Lf3	Db6	39.	Txe7	Txe7
19.	*	Se4	40.	d6	Dc4
20.	De2	Sxc3	41.	b3	Schwarz gibt auf
21.	Lxc3	Td8			

* siehe Stellungsbild

Stellung nach 18 . . . Db6
Weiß am Zug

Ein isolierter Damenbauer (auch IDB genannt) kann in einer ganzen Reihe von Eröffnungen entstehen, darunter so verschiedenen wie der Sizilianischen Verteidigung und dem Damengambit. Es ist daher für jeden Schachspieler unumgänglich, eine Vorstellung davon zu haben, wie man IDB-Stellungen behandelt.
Der IDB hat den Vorteil einer einschnürenden Wirkung auf die gegnerische Stellung und daß er Vorposten in der gegnerischen Hälfte unterstützen kann. Nachteile sind, daß er sich als schwach erweisen könnte (besonders im Endspiel), und daß das Feld direkt vor ihm zu einem nützlichen Festpunkt für eine gegnerische Figur werden könnte. Man kann nicht sagen, daß ein IDB notwendig eine Stärke oder Schwäche darstellt. Taktische Spieler spielen gern mit ihm, während positionelle Spieler gern gegen ihn spielen.
Das Diagramm verdeutlicht die Nachteile eines IDB. Schwarz hat weder unmittelbare Aussichten, die Vorposten e4 und c4 zu besetzen, noch ist er in der Lage, einen Königsflügelangriff in die Wege zu leiten. Dennoch muß Weiß vorsichtig handeln. 19. Td2 zur Vorbereitung der Turmverdoppelung und um Druck auf den IDB auszuüben, wäre ein positioneller Fehler. Schwarz könnte alle seine Probleme mit dem Scheinopfer 19 . . . Se4 lösen, und auf 20. Lxe4 (20. Td3 Ta-c8 ist auch nicht besser für Weiß) gewinnt 20 . . . dxe4 21. Dxe4 Lxa3 den Bauern zurück, da 22. Sa4 wegen 22 . . . Da5 fehlschlägt. Diese Variante ist typisch für die verborgenen taktischen Möglichkeiten einer IDB-Stellung.
Karpow war umsichtiger, spielte 19. Le5 und auf 19 . . . Se4 20. De2 (20. Lxe4 dxe4 21. Dxe4 geht jetzt wegen 21 . . . Dxb2 nicht). Nach 20 . . . Sxc3 21. Lxc3 Td8 22.Td3 Tc-d6 23. Tf-d1 T6-d7 24. T1-d2 Db5 25. Dd1 war Schwarz voll und ganz mit der Verteidigung des IDB beschäftigt, und Weiß reichte nur noch ein wenig Herummanövrieren zum Sieg.

67 Tal – Hübner ✱✱✱

Montreal 1979

Caro-Kann

1.	e4	c6	22.	*	Ka8
2.	d4	d5	23.	Sc4	Se8
3.	Sd2	dxe4	24.	Tg4	De7
4.	Sxe4	Lf5	25.	Sxd6	Sxd6
5.	Sg3	Lg6	26.	Txg7	Sf5
6.	h4	h6	27.	Tg4	Td8
7.	Sf3	Sd7	28.	Le5	f6
8.	h5	Lh7	29.	Lc3	e5
9.	Ld3	Lxd3	30.	b3	a6
10.	Dxd3	Sg-f6	31.	Kb2	De6
11.	Lf4	Da5+	32.	Dc4	De8
12.	Ld2	Dc7	33.	Tg6	Tc8
13.	0-0-0	e6	34.	Da4	Dd8
14.	Se4	0-0-0	35.	De4	Sd6
15.	g3	Sxe4	36.	Dd3	Dc7
16.	Dxe4	Sf6	37.	Lb4	Sb5
17.	De2	c5	38.	Txf6	a5
18.	dxc5	Lxc5	39.	Ld6	Sxd6
19.	Th4	Kb8	40.	Txd6	e4
20.	Lf4	Ld6	41.	Dd2	Schwarz gibt auf
21.	Txd6	Txd6			

* siehe Stellungsbild

Tal überrascht seine Gegner oft mit der Tiefe seiner Kalkulationen, aber auch durch die Treffsicherheit seiner Einschätzung von Stellungen, die zu kompliziert für eine genaue Berechnung der Varianten sind. In der vorliegenden Partie tut er keines von beiden. Nach dem Schlüsselzug seiner Kombination sind alle Varianten, die berechnet werden müssen, ganz geradlinig. Schwierig ist, den Schlüsselzug überhaupt zu finden, den die meisten Spieler überhaupt nicht berücksichtigen würden.

Stellung nach 21 . . . Txd6
Weiß am Zug

In der abgebildeten Stellung hat Tal soeben die Qualität geopfert: 21. Txd6 Txd6. Die Kombination beruht offensichtlich auf der Fessel über die Diagonale h2-a8. Wie kann Weiß diese Fessel optimal ausnutzen? Er könnte die Qualität sofort mit 22. Lxd6 zurückgewinnen, aber nach 22 . . . Dxd6 ist die Spannung aus der Stellung gewichen, und Schwarz hatte gute Aussichten auf ein Remis. Das hatte Tal eindeutig nicht im Sinn.
Vielversprechender sieht der Zug 22. Sd2 mit der Drohung 23. Sc4 aus, aber Schwarz hat dann Zeit, aus der Fessel mit 22 . . . Sd5 auszubrechen und auf 23. Le5 f6 zu spielen. Weiß gewinnt die Qualität zurück, aber sonst nichts.
Tal machte den paradoxen Zug 22. Se5, womit er tatsächlich die Fessel abblockte, auf der er seine Kombination aufbaut. Die Pointe ist, daß König, Dame und Turm von Schwarz gleichzeitig von der Fessel betroffen sind, so daß er keine Zeit hat, sie alle in Sicherheit zu bringen, wenn Weiß die Blockierung der Fessel auflöst: z. B. 22 . . . De7 23. Sxf7.
Falls Schwarz 22 . . . Sd5 spielt (was gegen 22. Sd2 noch half), gewinnt Weiß mit 23. Sxf7 Sxf4 24. Txf4 die Qualität zurück und behält noch einen Bauern obendrein. Auf 24 . . . Tf8 25. Sxd6 Txf4 26. Sb5! gewinnt Weiß eine Figur. Schwarz spielte 22 . . . Ka8, und nach 23. Sc4 (23. Sxf7 erlaubt Schwarz, mit 23 . . . e5 den Kampf fortzusetzen) 23 . . . Se8 24. Tg4 De7 (auch nicht besser ist 24 . . . Tg8 25. Sxd6 Sxd6 26. De5 Td8 27. Txg7) 25. Sxd6 Sxd6 26. Txg7 hatte Weiß einen entscheidenden Bauern gewonnen.

68 Timman – Karpow ****

Montreal 1979
Englisch

1.	c4	Sf6	17.	cxd6	Sxg3
2.	Sc3	e5	18.	fxg3	Dxd6
3.	Sf3	Sc6	19.	Kf2	Dh6
4.	e3	Le7	20.	Ld4	Dh2+
5.	d4	exd4	21.	Ke1	Dxg3+
6.	Sxd4	0-0	22.	Kd2	Dg2
7.	Sxc6	bxc6	23.	Sb2	La6
8.	Le2	d5	24.	Sd3	Lxd3
9.	0-0	Ld6	25.	Kxd3	Tb-d8
10.	b3	De7	26.	Lf1	De4+
11.	Lb2	*	27.	Kc3	c5
12.	bxc4	Tb8	28.	Lxc5	Dc6
13.	Dc1	Sg4	29.	Kb3	Tb8+
14.	g3	Te8	30.	Ka3	Te5
15.	Sd1	Sxh2	31.	Lb4	Db6
16.	c5	Sxf1	Weiß gibt auf		

* siehe Stellungsbild

Stellung nach 11. Lb2
Schwarz am Zug

Karpow ist im allgemeinen als etwas trockener «Schachbeamter» bekannt, der sich vor Taktierereien scheut, außer er wird provoziert. Glücklicherweise läßt er sich manchmal provozieren, und er hat einige sehr schöne taktische Siege erspielt.
Diese Stellung sieht eigentlich harmlos aus. Die Partie tritt gerade ins frühe Mittelspiel, und die Chancen scheinen ungefähr gleich, wobei der kleine Entwicklungsvorsprung von Schwarz seinen schwachen Doppelbauern ausgleicht. Aber Karpow konnte durch einige scharfe Spielzüge zeigen, daß Schwarz im Vorteil war. Diese Stellung wurde bereits in zahlreichen anderen Partien erreicht, und Schwarz spielte den natürlichen Zug 11 . . . Td8, der den d-Bauern indirekt deckt, da 12. cxd5 cxd5 13. Sxd5 wegen 13 . . . Sxd5 14. Dxd5 Lxh2+ verliert. Nach dem weniger gierigen 13. Sb5 ist die Stellung leicht vorteilhaft für Weiß.
Karpow erfand den überraschenden Zug 11 . . . dxc4. Das scheint ein Fehler zu sein, da nach 12. Lxc4 angesichts der offenen c-Linie die Schwäche der c-Bauern deutlicher wird. Aber Karpow hatte gesehen, daß 12. Lxc4 zwar positionell erstrebenswert war, aber den taktischen Nachteil hatte, 12. Sg4 zu erlauben; z. B. 13. h3 De5 14. g3 Sxe3 oder 13. g3 Se5 mit Druck auf die weißen Felder.
Timman zog 12. bxc4, und die Partie wurde fortgesetzt: 12 . . . Tb8 13. Dc1 (13. Tb1 Txb2 14. Txb2 De5 gewinnt zwei Figuren für einen Turm) 13 . . . Sg4 14. g3 Te8 15. Sd1, und nun ließ Karpow mit 15 . . . Sxh2 die Fetzen fliegen. Es ist nicht allzu schwer zu sehen, daß Schwarz nach 16. Kxh2 Dh4+ 17. Kg2 Dh3+ 18. Kg1 Lxg3 19. fxg3 Dxg3 20. Kh1 Te6 gewinnt. Aber es sieht so aus, als könne Weiß die schwarze Kombination mit dem Zwischenzug 16. c5 widerlegen (was Timman tatsächlich versuchte). Jetzt kommt die wahre Pointe von Karpows Kombination: 16 . . . Sxf1 17. cxd6 Sxg3. Dieses tollkühne Opfer gewinnt nicht nur einen weiteren Bauern, sondern zerschmettert auch den weißen Königsflügel. Nach 18. fxg3 (18. dxe7 Sxe2+ und 19 . . . Sxc1) 18 . . . Dxd6 führte die exponierte Stellung des weißen Königs bald zur Entscheidung.

69 Miles – Short **

Britische Meisterschaft, Chester 1979
Französisch

1.	d4	e6	24.	Lxf5+	Dxf5
2.	e4	d5	25.	Da2	Th-e8
3.	Sc3	Lb4	26.	Tb2	g4
4.	exd5	exd5	27.	Tf1	gxf3
5.	Ld3	Sc6	28.	gxf3	Tg8+
6.	a3	Lxc3+	29.	Kh1	Dh3
7.	bxc3	Sf6	30.	Tf2	Txf3
8.	Lg5	De7+	31.	Sg1	Te3
9.	Se2	Ld7	32.	Tg2	De6
10.	0-0	h6	33.	Txg8	Dxg8
11.	Lf4	0-0-0	34.	cxd5	f3
12.	c4	Le6	35.	d6	Dg5
13.	c5	g5	36.	d7+	Kxd7
14.	Ld2	Se4	37.	Db1	Se6
15.	Tb1	f5	38.	Dh7+	Kc6
16.	f3	Sxd2	39.	Df7	Sxd4
17.	Dxd2	f4	40.	Dc4	Dxc5
18.	Lb5	Ld7	41.	Da4+	b5
19.	Tf-e1	Df6	42.	Dd1	Dd5
20.	Dc3	Td-e8	43.	Tf2	Te2
21.	Db3	Te3	44.	Dc1+	Kb7
22.	Ld3	*	45.	Sxe2	fxe2+
23.	c4	Lf5	46.	Tg2	Sc2
				Weiß gibt auf	

* siehe Stellungsbild

Seltsam genug hat der erste britische Großmeister Tony Miles zum Zeitpunkt der Drucklegung dieses Buches (1982) noch niemals eine britische Meisterschaft gewonnen. Als er in der Meisterschaft 1979 spielte, war er offensichtlich fest entschlossen, diesem beklagenswerten Zustand ein Ende zu machen, und nach sieben von elf Runden schien alles plangemäß zu verlaufen. Miles teilte sich die Führung, nachdem er gegen seine gefährlichsten Konkurrenten gespielt hatte. Dann passierte ein kleiner Unfall. Sein Name war Nigel Short.

Stellung nach 22. Ld3
Schwarz am Zug

Die Stellung entstand aus der Abtauschvariante der französischen Verteidigung. Diese Variante erfreut sich (nicht ganz zu Unrecht) eines Remisrufs, aber wenn die Spieler wie in der vorliegenden Partie auf gegenüberliegende Flügel rochieren, kann sie zu einem scharfen Kampf führen. Oberflächlich betrachtet scheinen beide Spieler Angriffschancen zu haben, aber Short konnte mit seinem nächsten Zug zeigen, daß der weiße Angriff ein totgeborenes Kind war, während der von Schwarz erst begann. Schwarz muß sich um die Drohung 23. Dxb7+ kümmern.

Z. B. ist 22 . . . Sxd4 23. Dxb7+ Kd8 24. Dxd5 gut für Weiß.

22 . . . b6 würde, auch wenn das nicht zum Untergang führt, Weiß erlauben, mit 23. cxb6 einen kleinen Fortschritt bei der Öffnung der schwarzen Königsstellung zu erzielen.

22 . . . Sa5 leidet am selben Nachteil, denn nach 23. Db4 wird b6 erzwungen.

Short zog sich mit 22 . . . Sd8 zurück. Dies hat den unmittelbaren taktischen Vorteil, daß der b-Bauer gedeckt wird und 23. Dxd5 wegen 23 . . . Le6 die Dame verlieren würde. Wichtiger aber ist, daß der Zug 22 . . . Sd8 es Weiß sehr schwer macht, einen konstruktiven Plan zu finden, während Schwarz droht, seine Stellung mit Zügen wie . . . Th-e8 und . . . g4 zu verbessern. Voller Verzweiflung stürmte Miles mit 23. c4 vor, wonach ihm folgendes zustieß: 23 . . . Lf5 24. Lxf5+ Dxf5 25. Da2 Th-e8 26. Tb2 g4 27. Tf1 gxf3 28. gxf3 Tg8+ 29. Kh1 Dh3 30. Tf2 Txf3 31. Sg1 Te3. Ein hübscher Einfall. Auf 32. Sxh3 setzt 32 . . . Te1+ matt. Die weiße Stellung lag in Trümmern.

70 Kortschnoj – Sax **

Phillips and Drew Turnier, London 1980
Benkö-Gambit

1.	d4	Sf6	18.	Sd6	c4	35.	Td2	Kf5
2.	c4	c5	19.	Sxe8	Txe8	36.	Tf3	Tb5
3.	d5	b5	20.	La4	Tb8	37.	Te2	Kf6
4.	Sf3	bxc4	21.	Ld6	Td8	38.	Tf-e3	Lf5
5.	Sc3	g6	22.	Le5	Sc5	39.	Ta3	Ld3
6.	e4	d6	23.	Lxg7	Kxg7	40.	Tf2	Kf5
7.	Lxc4	Lg7	24.	Lc2	Le6	41.	Kd1	Ke4
8.	*	dxe5	25.	Ta-d1	Tb8	42.	Kc1	Th5
9.	Sxe5	0-0	26.	Tb1	Kf6	43.	h3	Tf5
10.	0-0	Lb7	27.	Te3	a5	44.	Ta7	g5
11.	Db3	Db6	28.	Kf1	a4	45.	g4	Txf4
12.	Te1	Sa6	29.	Ke1	Td8	46.	Te7+	Kd4
13.	Lg5	Dxb3	30.	f4	Sa6	47.	Txf4	gxf4
14.	Lxb3	Ta-c8	31.	Lxa4	Sb4	48.	Kd2	f6
15.	Sc4	Sxd5	32.	Td1	Ta8	49.	Te6	Lf1
16.	Sxd5	Lxd5	33.	a3	Txa4	50.	Txf6	Ke4
17.	Lxe7	Tf-e8	34.	axb4	Txb4	51.	Th6	Schwarz gibt auf

* siehe Stellungsbild

Stellung nach 7 . . . Lg7
Weiß am Zug

Hier hat Weiß eine gute Variante gegen das Benkö-Gambit gewählt: er erfreut sich eines Entwicklungsvorsprungs und hat bereits das Zentrum mit seinen Bauern besetzt. Allerdings könnte bei zurückhaltendem Spiel der weiße b-Bauer zum Ziel schwarzer Operationen über die b-Linie und die Diagonale a1-h8 werden. Da Schwarz darüber hinaus eine latente Bauernmehrheit im Zentrum hat (Weiß hat keinen c-Bauern, mit dem er seinen d-Bauern polstern kann), könnte er schließlich das weiße Zentrum mit . . . e6 herausfordern.
8. Lb5+ ist ein schwächlicher Zug, da das Schach Schwarz absolut keine Kopfschmerzen bereitet. Im Gegenteil, nach 8 . . . Ld7 9. Lxd7+ Sbxd7 hat Schwarz seine Probleme fast gelöst und kann mit . . . Tb8 die b-Linie besetzen.
8. 0-0 ist ein vernünftiger Entwicklungszug, aber nach 8 . . . Lg4 9. h3 Lxf3 10. Dxf3 Sb-d7 wird der Vorteil des weißen Läuferpaares von der schwarzen Herrschaft über die dunklen Felder ausgeglichen, wodurch es Weiß schwerfallen wird, seine Zentrumsbauern zu gutem Nutzen zu verwenden. Der wichtige Punkt, der hier gelernt werden kann, ist, daß gute Züge (8. 0-0) durch hervorragende Züge ersetzt werden können, und daß Entwicklung manchmal die zweite Geige spielen muß.
Kortschnoj fand 8. e5, ein Zug, der überraschend an die Partie Karpow–Kortschnoj (Seite 136) erinnert. 8. e5 zerbricht nicht nur die schwarze Bauernkette, sondern führt auch den weißen Königsspringer auf einen mächtigen Posten und beschert Schwarz einen schwachen rückständigen Bauern auf e7. Nach 8 . . . dxe5 9. Sxe5 0-0 10. 0-0 Lb7 11. Db3 Db6 12. Te1 Sa6 13. Lg5 hat Weiß seinen Aufmarsch abgeschlossen, und Schwarz sieht schweren Problemen mit seinem verkrüppelten e-Bauern entgegen. Nur einige Fehlzüge auf Grund von Zeitdruck beraubten Weiß im weiteren Verlauf der Partie des leichten Sieges, den er verdient hatte, und gaben Schwarz die Gelegenheit zu fortgesetztem Widerstand.

1001/5